MW01678303

Décodez le langage
de votre chat!

Décodez le langage **de votre chat!**

Postures, miaulements, marquages…

DOCTEUR LAETITIA BARLERIN

ÉDITIONS FRANCE LOISIRS

Édition du Club France Loisirs, Paris
avec l'autorisation des Éditions Rustica/FLER

Éditions France Loisirs,
123, boulevard de Grenelle, Paris
www.franceloisirs.com

ISBN : 978-2-298-04029-6
N° éditeur : 62965
Dépôt légal : décembre 2010

Achevé d'imprimer en Italie par N.I.I.A.G., mars 2011

Sommaire

Avant-propos

Bien communiquer avec son chat, c'est d'abord bien vivre avec lui, donc évidemment lui apporter les soins nécessaires à son bien-être et répondre à ses besoins primaires (manger, boire, dormir...). C'est aussi bien le comprendre pour réagir de façon adaptée. Les qualités requises pour bien vivre avec un animal, avec le chat en particulier, sont les suivantes :
– Une bonne observation de ses comportements.
– La compréhension et l'acceptation de ses aptitudes à apprendre et à réagir en fonction de la situation (ses ressources et ses limites).
– Être suffisamment « souple » d'esprit pour bien adapter son comportement à celui de son animal.

Dans cet ouvrage, j'ai volontairement parlé du chat en général en ignorant les nuances comportementales qui existent peut-être entre les races. Chaque chat est différent. Certes, il semble y avoir des différences entre certaines races. On dit souvent que les Siamois vocalisent plus que les autres chats. S'agit-il d'une particularité liée à la race ou d'une légère prédisposition renforcée par l'éleveur mais aussi par le maître qui apprécie cette race pour sa réputation de « pipelette » et qui encourage son chat à communiquer sur ce mode ?
Je pense en résumé qu'il convient plutôt de s'efforcer de bien communiquer avec un animal en respectant ses capacités propres (et non celles de sa race). Cette démarche qui prône l'animal plutôt que la race permet, me semble-t-il, de ne pas s'enfermer dans un schéma rigide qui pourrait faire dire au maître : « Je ne peux pas faire cela avec mon chat parce qu'il est de telle race ! ».

Cet ouvrage est composé de quatre parties :
– La première partie constitue un aperçu des capacités de communication chez le chat. Vous y trouverez des clés pour répondre au plus juste aux tests des trois autres parties.
– La deuxième partie regroupe les tests consacrés à la compréhension de ce qu'exprime un chat.
– La troisième partie rassemble les tests concernant les messages et les marquages que le chat peut utiliser pour se faire comprendre.
– La quatrième partie réunit plus spécifiquement les tests traitant des signaux d'alarme et des signes de mal-être.
Je vous conseille de réaliser les tests dans l'ordre pour entrer progressivement dans l'univers du chat.
À la fin de chaque test, vous obtenez un certain nombre de points. Si vous réalisez tous les tests d'un chapitre, vous découvrirez si vous communiquez bien avec votre chat par rapport au thème traité. Si vous effectuez l'ensemble des tests de cet ouvrage, vous obtiendrez alors, pour chaque chapitre, un nombre total de points à additionner et vous pourrez ainsi savoir si vous êtes un pro de la communication féline !

J'ai eu à cœur de décrire dans ces tests les comportements en essayant de me mettre à la place du chat. C'est ce que je fais quotidiennement dans mon métier. Cette démarche s'apparente à l'empathie, c'est-à-dire cette qualité d'observation, cet effort que l'on fait pour se mettre à la place de l'individu qui est en face, pour mieux imaginer ce qu'il ressent, pour mieux comprendre ses réactions, donc pour mieux communiquer avec lui.

Valérie Dramard

CHAPITRE 1

Comment le chat communique-t-il ?

Le chat est certes un mammifère territorial, donc attaché à l'espace où il vit, mais c'est également un animal social, ce qui lui permet de vivre auprès de l'homme depuis plusieurs milliers d'années.
Il a longtemps été écrit que le chat avait été domestiqué entre 1 500 et 2 000 ans avant notre ère, dans la vallée du Nil, en Égypte. Or un chercheur américain, le Professeur Driscoll, a montré, en comparant les ADN de chats sauvages et de chats domestiqués, que le chat avait été domestiqué au Proche-Orient il y a environ 10 000 ans, dans la région du Croissant fertile. Les félidés se seraient laissé domestiquer par les agriculteurs qui appréciaient qu'ils chassent les rats qui abîmaient leurs récoltes et leurs réserves de céréales.

La communication nécessite trois facteurs : l'émetteur du message, le message lui-même et le récepteur. L'émetteur doit être capable de produire un message clair et compréhensible, celui-ci doit être lisible et fiable et, enfin, le récepteur doit pouvoir comprendre le message transmis et être capable de bien l'interpréter.

Pour bien communiquer, le chat doit adopter les bonnes attitudes (postures, marquages) pour que ses intentions soient correctement comprises par l'autre individu. De la même façon, il doit pouvoir bien analyser le comportement de ceux qui l'entourent afin de réagir de manière adaptée. L'objectif global est de pouvoir continuer à vivre ensemble de façon apaisée.

Pour que la communication entre animaux soit efficace (l'homme étant un animal parmi d'autres), il faut que les organes des sens entrant en jeu fonctionnent correctement :
– Les yeux renseignent le chat sur l'agencement de l'espace dans lequel il évolue. Ils lui permettent de percevoir l'existence d'éventuelles proies, mais aussi d'apprécier les intentions des individus qui sont présents.
– L'odorat du chat est moins célèbre que celui du chien et pourtant… !
– L'olfaction a une importance fondamentale dans l'espèce féline.
– Le toucher, qu'il est parfois difficile pour un humain d'appréhender, est lui aussi très important chez le chat.

La communication visuelle

La vue permet au chat d'apprécier les intentions de l'individu qui lui fait face grâce à ses postures. En retour, le chat adoptera des postures et des attitudes qui renseigneront l'individu sur ses motivations. Il y a ainsi communication.

Une vision de prédateur

Les chats sont des prédateurs. À l'état naturel, la chasse permet aux chats de se nourrir (souris, mulots, oiseaux, lapereaux…). Cela peut sembler cruel, mais il ne faut pas oublier que le chat est un animal carnivore. Il a besoin, pour rester en bonne santé, d'ingérer de la viande fraîche, car il y trouve des acides aminés qui lui sont indispensables (taurine, arginine…).

MENU VÉGÉTARIEN

Si vous souhaitez que votre chat suive un régime végétarien, n'oubliez surtout pas d'ajouter dans sa ration des compléments alimentaires protéiques contenant, entre autres, de l'arginine et de la taurine. En effet, ces acides aminés, que l'on ne trouve que dans la viande animale, sont indispensables au chat : s'ils sont absents ou en trop petite quantité, votre chat risque de tomber malade (insuffisance cardiaque…).

Ses yeux, qui lui servent à percevoir les mouvements d'une éventuelle proie, présentent les caractéristiques de la vision des prédateurs : plutôt myope (2/10e, voire 3/10e à chaque œil), le chat est très sensible aux mouvements avec un champ visuel bien plus large que le nôtre. En effet, la vision de chaque œil couvre un champ de 130° contre, par exemple, 83° chez le chien. Ainsi, le champ visuel total du chat couvre 287°, alors qu'il n'est que de 180° chez l'homme. L'apparition d'un mouvement dans le champ de vision du chat attire son attention : il tourne alors la tête pour fixer son regard en direction de l'éventuelle proie. Sa vision des détails, qui a lieu au centre de la rétine, permet de préciser de quoi il s'agit : est-ce effectivement une petite proie ou, au contraire, ne s'agit-il que d'une simple feuille morte soulevée par le vent ? En fonction de l'analyse des détails réalisée grâce aux cellules particulières présentes au centre de sa rétine, le chat adapte son comportement. S'il s'agit d'une proie, il s'immobilise, attend que la proie bouge à nouveau, puis fond sur elle pour la tuer. S'il s'agit d'une feuille morte, le petit félin retourne alors à ses occupations.

Il convient de remarquer qu'il ne doit surtout pas y avoir de communication dans la prédation ! Si le prédateur communiquait avec sa proie, cela sous-entendrait qu'il la prévient : « Attention, je suis le grand méchant chat et je vais te manger ! ». Dans ce cas, la souris aurait probablement le temps de trouver une astuce pour éviter de se faire manger. Elle se cacherait dans un trou ou ferait la morte (catalepsie), attitude qui annulerait alors le comportement de chasse du félin : un chasseur chasse une proie vivante, pas un animal déjà mort.

Identifier les individus et leurs intentions

Le chat est un animal plutôt territorial et solitaire, mais cela n'exclut pas le fait qu'il doit savoir et pouvoir communiquer, c'est-à-dire être capable de comprendre les intentions des individus qui ne sont pas des proies et qu'il rencontre, pour agir en conséquence.

Il doit pouvoir reconnaître les individus amis qui sont sur son territoire : son maître qui marche dans le jardin, le chien de la maison, le chat qui vit avec lui... Il admet volontiers que ses amis circulent sur son territoire et il les rencontre même avec plaisir. Il n'en va pas de même pour les individus non familiers. Si le chat ne les reconnaît pas de loin, il tente alors d'évaluer leurs intentions (représentent-ils ou non un danger ?) en fonction de leur démarche et de leurs mouvements. Selon le degré de socialisation du chat, la familiarisation avec un humain inconnu pénétrant sur son territoire sera plus ou moins facile.

Mais qu'en est-il de la communication visuelle entre chats ? Grâce à sa perception visuelle très sensible

Le chat a une vision très fine des mouvements.

aux mouvements, un chat peut évaluer facilement les intentions d'un congénère grâce aux postures et à la démarche que celui-ci adopte. En effet, si le chat marche tranquillement, la queue dressée, il s'approche avec des intentions amicales. S'il adopte une posture en « U » inversé, les poils tout hérissés, et marche en crabe, il s'agit d'une

Un chat à l'affût se tient immobile, prêt à bondir.

posture agressive : le chat est prêt à attaquer (voir pp. 57-63). Enfin, s'il marche prudemment, tête et queue basses, le climat de la rencontre est incertain, rien n'est joué…

L'inconnu, une source d'agressivité ?

La vision d'un « objet non identifié » peut induire de la peur chez le chat, donc de l'agressivité dans certaines situations. Par exemple, un sac posé sur le sol et dont la forme évoque un animal « monstrueux » peut induire de la peur chez un chat un peu trop sensible. S'il est plutôt anxieux, il peut avoir du mal à comprendre qu'il n'y a pas de danger. De la même façon, quand un des chats de la maison soigné pour une blessure revient de chez le vétérinaire avec une collerette, il est fréquent que l'autre chat resté à la maison ne le reconnaisse pas visuellement – il a une collerette qui peut le rendre méconnaissable –, mais en plus il est « couvert » d'une odeur inconnue ! Dans certains cas, ce traumatisme de « non-reconnaissance » induit de la peur chez le chat resté à la maison, il refuse d'accepter cet intrus qui s'installe comme si de rien n'était dans son territoire et l'agresse sans cesse : on parle alors d'anxiété de cohabitation.

Le saviez-vous ?

Quand le chat voit rouge… Les spécialistes estiment que le chat, comme de nombreux prédateurs, serait en quelque sorte daltonien : il serait peu sensible aux couleurs rouges et verrait plutôt en vert, marron et gris. Pourtant, en consultation, certains propriétaires m'ont rapporté que leur chat semblait très sensible à la couleur rouge ou tout autre couleur proche (rose, orange) : en présence d'un objet rouge, le chat serait plus énervé, voire agressif. Certains joueraient plus volontiers et plus longtemps avec des jouets de couleur rouge ou rose fuchsia, couleurs très vives.

La communication auditive

Le chat perçoit les vocalises de ses congénères et la voix de son maître, notamment les intonations qu'il prend pour lui parler. Il miaule, crache et ronronne. Ces différents sons permettent au chat de communiquer avec ses congénères et surtout avec son maître.

Une ouïe très fine

L'ouïe du chat, comme la plupart des mammifères carnivores, est très sensible aux ultrasons, plus que l'homme. En effet, il perçoit des ultrasons aux fréquences très élevées (environ 65 kHz) alors que l'homme perçoit des ultrasons à des fréquences bien inférieures (20 kHz). Cette perception permet au chat d'entendre les sons émis par les petits carnivores ou les oiseaux qui sont ses proies habituelles. Elle permet aussi à la chatte de repérer et de localiser ses chatons. Les pavillons auriculaires, véritables amplificateurs articulés, permettent de localiser très finement la source du bruit.

Le chaton commence à miauler dès l'âge de 10 à 15 jours.

Entre la mère et ses petits

Le chaton ne peut percevoir des sons que vers l'âge de 10 à 15 jours. Avant cette date, il est sourd et aveugle. Il repère sa mère simplement parce qu'elle est tout près de lui, qu'elle sent le lait et les phéromones, et qu'elle représente une source de chaleur très importante.

Des cris et des hurlements accompagnent souvent les bagarres de chats.

De toute façon, le petit chaton n'est pas capable de s'éloigner, ses petites pattes ne le portent pas longtemps. Lorsque le chaton atteint l'âge de 10 à 15 jours, il peut marcher plus longtemps. Ses yeux lui permettent maintenant de voir à quoi ressemble sa maman, donc à quoi ressemble un chat. Intrépide, il a tendance à s'éloigner du nid et parfois se perd. Il appelle alors sa mère en jetant des miaulements d'effroi. Sa mère l'entend et l'appelle à son tour ; il répond et cela permet à la chatte de le retrouver : elle le prend par la peau du cou pour le rassurer et le ramener plus vite au chaud. Les vocalises du chaton servent donc surtout à demander de l'aide.

Entre chats adultes

Les vocalises sont alors plutôt audibles dans les conflits ou dans les relations « amoureuses ». On a tous déjà entendu les soirs d'été, quand les fenêtres des chambres sont ouvertes, une chatte du voisinage attirer tous les mâles du quartier : elle est en chaleur. Elle arrêtera de miauler après la saillie, car le coït provoque l'ovulation.

Les autres miaulements entre chats sont surtout audibles lors de conflits de territoire. Les feulements sont si effrayants que généralement le chat indésirable s'arrête, puis recule. Toutefois, s'il ne se retire pas suffisamment vite, l'autre le poursuit en criant et le mord s'il le rattrape, ce qui explique que les abcès chez le chat sont souvent situés à la base de la queue.

LES PLAINTES

Il est rare qu'un chat se plaigne quand il souffre. Il a plutôt tendance à se replier sur lui-même, il se met en sphinx et ne bouge plus. Il y a une exception : avant de vomir, le chat émet un miaulement guttural et grave, qui cesse une fois que le chat se sent soulagé.

Avec l'homme

En vivant près de l'homme, le chat domestique développe toute une gamme de vocalises qui souligne les relations affectives qu'il entretient avec son maître. Les vocalises accompagnent des demandes de nourriture, de câlins... Elles ponctuent aussi des grands moments de tendresse, comme pour dire « Je t'aime, tu sais... » ou « Gratte-moi encore le cou ! ».

Les modulations de tonalité évoquent vraiment des intonations de voix, comme des petites phrases interrogatives ou encore des demandes plus ou moins impérieuses. Les vocalisations évoluent avec le temps et dépendent des relations que le chat entretient avec les individus de son entourage.

La communication olfactive

Le chat possède un odorat très développé, mais il émet aussi des odeurs et des phéromones. Ces dernières sont déposées le plus souvent lors des comportements de marquages qui participent aussi beaucoup à la communication entre les chats. Olfactivement, l'homme n'est pas sensible : seul un chat peut percevoir les phéromones déposées par un autre chat. On peut toutefois appréhender l'existence de celles-ci quand on voit un chat effectuer un comportement de marquage.

Flair et odeurs : quelques anecdotes

La première anecdote concerne mon chat Chatoune. Mon cabinet de consultation se situe à mon domicile. Chatoune a l'habitude de dormir à l'étage pendant la journée et je ne le vois que lorsque la porte de ma salle de consultation est ouverte. Un après-midi, un couple me présente son chat pour des troubles du comportement. Au cours de la consultation, j'entends tambouriner à la porte ! J'ouvre et, soudain,

Un chat a un odorat très développé.

Chatoune surgit, se précipite directement dans la boîte de transport laissée ouverte sur le sol, sans se préoccuper du chat qui en était sorti, et pénètre à l'intérieur ! En fait, les propriétaires avaient déposé un peu de thon dans une petite coupelle au fond de la boîte de transport pour faciliter la « mise en boîte » de leur chat. Mon chat avait senti l'odeur du thon, aliment qu'il adore, alors qu'il dormait à un autre étage !

La seconde anecdote concerne une petite chatte blanche dénommée Swamy. Cette dernière était mal socialisée à l'homme, car elle avait été récupérée dans les caves d'un hôpital parisien. Affectueuse avec ses maîtres, elle devenait vite agressive avec les autres humains qui voulaient l'approcher ou la caresser. J'étais toujours frustrée quand je rendais visite à mes amis : non seulement je ne pouvais pas l'approcher, mais surtout, dès que je franchissais la porte d'entrée, une sorte de « colère » montait en elle : elle devenait de plus en plus agressive, me menaçait en crachant, souhaitant clairement que je quitte l'appartement dès que possible. Cette petite chatte a donc eu des chatons, dont une petite chatte toute blanche, Gretta, qui est restée près de sa mère, chez mes amis. Plus caressante que sa mère, car mieux socialisée à l'homme, elle était pourtant timide en présence de sa mère qu'elle suivait partout. Un soir, alors que sa mère était partie dans une autre pièce, Gretta est venue vers moi. Ravie, j'ai pu la caresser facilement et elle était contente au point de se frotter contre ma jambe. Soudain, sa mère est entrée dans la pièce et Gretta est revenue aussitôt vers elle. Swamy a alors flairé son pelage de façon insistante, là où je l'avais caressée, puis elle s'est fâchée et a craché sur sa fille en lui donnant des claques !

Le saviez-vous ?

Le retour du chat hospitalisé… Lorsque l'un des chats de la maison revient de chez le vétérinaire où il a été hospitalisé, il arrive que l'autre chat ne le reconnaisse plus. Si tant est qu'il porte une collerette, l'autre chat considère qu'un intrus s'est introduit dans son territoire, et comble de l'irrespect, cet individu s'installe comme si de rien n'était. De la peur parfois, des conflits souvent (agressions territoriales) s'ensuivent, le chat en place cherchant à faire déguerpir l'intrus traumatisé par tous ses changements, au grand dam des maîtres attristés et souvent impuissants devant une telle situation.

Parfois un signe d'anxiété

Certains chats flairent beaucoup leur maître ou les objets nouveaux arrivant de l'extérieur. Il s'agit souvent de chats anxieux. En effet, l'anxiété peut rendre un chat, mais aussi un chien ou un humain, paranoïaque : le chat anxieux est plus vigilant et les stimulations, qu'elles soient visuelles ou olfactives, peuvent présenter pour lui une menace, un signe d'une probable agression. En consultation de comportement, les maîtres me racontent fréquemment que leur chat les flaire de façon insistante quand ils rentrent de chez des amis, comme un chien le ferait. De la même façon, certains chats plongent la tête dans le sac à main ou le sac que l'on vient de poser au sol en rentrant des courses. Cette curiosité exacerbée peut être associée à un comportement hyperactif.

Les phéromones et les marquages

Les phéromones sont des sécrétions très particulières. Excrétées à l'extérieur du corps et en très faibles quantités, elles induisent un comportement très spécifique, comme la tétée ou le comportement de reproduction entre un mâle et une femelle. Les phéromones existent dans tout le règne animal et sans doute aussi dans le règne végétal. Leur rôle est bien connu et essentiel chez les insectes.

Chez le chat, les phéromones, ou plutôt les sécrétions phéromonales, sont déposées lors des comportements de marquage. On distingue deux grands groupes de marquages :
– Les marquages d'alarme comme le marquage urinaire ou les griffades.
– Les marquages de familiarisation qui sont essentiellement les marquages faciaux (voir pp. 52-55).

Ce chat se frotte contre la tête de son ami chien. C'est un marquage facial apaisant.

LA PERCEPTION DES PHÉROMONES

Chez le chat, comme chez le chien, les phéromones, qui ne sont pas tout à fait des odeurs, ne sont pas perçues par la muqueuse nasale, mais par un organe proche : l'organe voméro-nasal. Placé juste en dessous de la cavité nasale, il débouche dans la cavité buccale par deux orifices juste derrière les incisives supérieures. Cet organe est relié au bulbe olfactif accessoire (ou bulbe voméro-nasal) situé au niveau du cerveau.

La communication tactile

Le canal tactile entre en jeu lorsque le chat se frotte sur un meuble, se laisse caresser, ou au contraire réagit agressivement quand il est touché ou enfin se toilette. Tous ces comportements participent à la communication.

La langue râpeuse du chat est très efficace pour débarrasser le pelage de ses souillures.

Une grande sensibilité cutanée

La moindre poussière sur le pelage d'un chat induit aussitôt un comportement de toilettage méticuleux et précis qui vise à éliminer la souillure et à replacer chaque poil soigneusement. Car le chat ressent précisément là où se situe la stimulation sur son corps grâce à une grande sensibilité cutanée. Cela signifie qu'un chat qui présente un pelage souillé souffre d'une maladie organique ou psychique qui explique qu'il ne se toilette plus.

Les troubles du toilettage

Quand un chat a de la fièvre, il se pelotonne, reste prostré, semble déprimé et ne fait plus sa toilette. Le poil semble gras, piqué. La situation est identique si le chat, sujet à une insuffisance rénale ou à un diabète sucré, est déshydraté.

Un chat arthrosique a du mal à faire correctement sa toilette : son pelage terne en est alors le témoin.

Enfin, un chat souffrant de dépression, suite à un traumatisme psychique important – la perte de son maître ou de son compagnon de vie qui pouvait être un autre chat ou le chien –, peut arrêter toute activité dont le toilettage.

Parfois, au contraire, le comportement de toilettage se dérègle et entraîne ce qu'on appelle une alopécie extensive féline. Le chat se lèche – parfois se gratte – une partie du corps de manière exagérée. Ce toilettage est excessif parce que le poil, anormalement léché par cette langue râpeuse, se casse et disparaît de la zone trop toilettée. C'est souvent le bas du ventre qui est concerné. Le chat s'assoit souvent et passe sa langue de manière compulsive sur cette zone qui devient rapidement glabre, sans poil. C'est un signe classique de stress chez le chat. Dans certains cas extrêmes, le chat passe sa journée, et parfois la nuit, à se lécher au point que la zone sans poil s'étend aux flancs et aux pattes. Dans les cas graves, seules la tête et les extrémités des membres conservent des poils.

LA DÉPRESSION, À PRENDRE AU SÉRIEUX

Quand le chat déprime, il ne mange plus, ne boit plus, ne marche plus jusqu'à sa litière, fait ses besoins sous lui et ne se toilette plus. Cette situation grave est assez rare et elle constitue une urgence, car il faut savoir que si un chat ne mange pas du tout pendant 48 heures d'affilée, son foie souffre terriblement et une insuffisance hépatique peut s'installer (lipidose hépatique).

Les automutilations

Dans certains cas, ce n'est pas le léchage qui est exacerbé, mais le grattage ou le mordillement. Ainsi, j'ai rencontré un chat très anxieux qui se mordillait les coussinets au point de se les arracher. Un autre se grattait le cou au point de se blesser violemment. Parfois, la queue est la cible du chat et il la lèche sans arrêt. Ce comportement peut dégénérer et le chat anxieux, toujours contrarié, ne supporte plus cette queue qui le fait souffrir (il l'a blessée en se léchant trop). Il l'attaque au point de la griffer ou de la mordre, ce qui exacerbe son anxiété et son agressivité vis-à-vis de son propre corps.

L'allogrooming ou toilettage réciproque existe chez de nombreuses espèces de mammifères.

L'allogrooming

Ce qui est remarquable chez certaines espèces comme le chat, les grands félins comme le lion ou le tigre, mais aussi le cheval et le singe, c'est le comportement de toilettage mutuel ou allogrooming. Le chat se met à lécher son congénère, qui, à son tour, le lèche, comme s'ils faisaient mutuellement leur toilette. Il s'agit de comportements d'amitié qui ne peuvent se rencontrer que lorsque les deux chats vivent ensemble et qu'ils ont des affinités. Ce comportement s'observe fréquemment entre une chatte et sa fille, entre deux frères ou deux sœurs qui ont grandi ensemble ou si l'un des deux chats était chaton quand il a connu l'autre. Ce comportement d'allogrooming peut parfois dégénérer : un des chats ne veut plus être léché et mord son congénère légèrement, voire plus fort si cela ne s'arrête pas assez vite. Soit le chat arrête le léchage et chacun retourne à ses occupations, soit il mord en retour, et cela se termine par une petite bagarre et une course-poursuite.

Le marquage facial (allomarquage)

Le marquage facial caractérise les félins adultes : c'est un signe de bonne humeur, une marque de familiarisation. Le chat s'approche d'un objet, la queue à la verticale, et frotte sa tête contre cet objet en partant du menton, puis il y frotte ses commissures labiales jusqu'à la base des oreilles. En frottant ainsi sa tête, il dépose des sécrétions particulières, des phéromones, qui ont une vertu apaisante pour lui. Ce marquage apaisant peut être effectué sur un objet ou sur un être vivant. Si vous voyez un chat reproduire ce comportement, sachez qu'il ressent à ce moment-là du plaisir : il est bien dans sa peau et dans sa tête, et il le « marque » visuellement et olfactivement. S'il se frotte contre votre jambe, cela signifie qu'il vous considère comme une personne amie et qu'il vous accepte dans son « clan ». Si ce marquage intervient sur un pied de table, le chat balise positivement cette partie de territoire, comme s'il disait « Je suis bien ici. » : c'est également un signe de bien-être.

Les moustaches et les sourcils pour se repérer

Les moustaches sont constituées de poils très épais et très sensibles qu'on nomme vibrisses. Celles-ci permettent au chat d'appréhender finement l'espace proche, comme une personne malvoyante qui se sert de sa canne pour éviter les obstacles proches. Il semblerait que les moustaches deviennent plus longues chez les chats devenus aveugles : s'agit-il d'une réalité ou simplement d'une illusion ? En effet, le chat aveugle porte spontanément ses moustaches vers l'avant pour évaluer où se situent les obstacles, ce qui fait qu'on les remarque d'autant plus. Le mystère demeure !

Le saviez-vous ?

Lorsqu'un chat ne marque pas… Si votre chat n'a jamais effectué de marquage sur vos meubles ou vos objets, deux raisons peuvent l'expliquer :

– Il n'est pas capable de le faire : il est resté « très jeune » dans sa tête, il se comporte comme un chaton qui suit sa « maman » (vous peut-être ?) partout. Cette situation n'est pas normale si votre chat a plus de 6 mois.

– Il n'arrive pas à se sentir bien dans le territoire où il se trouve, comme s'il n'arrivait pas à s'y installer. Dans ce cas, il est stressé et sursaute pour un rien : il est anxieux.

CHAPITRE 2

Bien comprendre votre chat

Dans la nature, le chat mâle est plutôt solitaire, les femelles peuvent en revanche vivre en groupe, en matriarcat : elles élèvent ensemble leurs petits. Toutefois, la domestication a permis au chat de se socialiser, de vivre de façon moins solitaire, donc de se servir plus souvent des moyens de communication qu'il a à sa disposition : vue, ouïe, odorat et toucher. On parle de canaux de communication.

Indépendant et pourtant très présent, tendre mais seulement à ses heures, il peut ronronner et sembler ivre de bonheur, mais il peut aussi être furieux et se transformer en bête sauvage. Il est évident que le chat communique et qu'il comprend ce que l'on ressent.

Certains disent qu'un chat ne se dresse pas comme un chien, qu'il n'y a pas de rapport de hiérarchie chez le chat, donc qu'il n'est pas possible de le faire obéir. Certes, les rapports de soumission qu'on peut entretenir avec un chien ne peuvent exister en tant que tels avec un chat. Toutefois, il est possible et très plaisant d'entretenir avec son chat de nombreux rituels qui permettent de tisser de profonds liens de connivence avec lui. Ces rituels font évidemment partie de la communication entre le chat et son maître.

Les tests qui suivent portent sur les différentes attitudes de votre chat et vont vous permettre d'apprécier le niveau de compréhension et de communication que vous entretenez avec votre chat. Yeux, paupières, oreilles, moustaches, queue, position générale de son corps : savez-vous bien interpréter les signaux émis par votre chat ?

Attention : pour les tests 1 à 6, les illustrations se focalisent uniquement sur la partie de la tête ou du corps traitée dans le test, sans tenir compte des autres manifestations physiques possibles. Ainsi, par exemple, l'une des illustrations montre des pupilles très dilatées et des oreilles dressées, ce qui est rarement observé dans la réalité. Donc, pour ces tests, concentrez-vous sur l'élément physique traité.

Test 1 : les pupilles

Regardez les yeux de ce chat et observez la taille et la forme de ses pupilles. D'après vous, que ressent-il ou que s'apprête-t-il à faire ? Pour chaque dessin, indiquez dans le champ libre le numéro de la situation décrite ci-contre qui correspond à l'état des pupilles.

A = situation [ ]

B = situation [ ]

C = situation [ ]

D = situation [ ]

1. Alors que votre chat dormait sur le canapé, vous allumez la télévision...

2. C'est dimanche, il se repose sur une chaise et vous regarde lire.

3. Une mouche vient de se poser sur le mur près de lui et il s'apprête à l'attraper.

4. Vous venez d'ouvrir une boîte de pâtée.

5. Vous êtes en train de secouer devant lui une ficelle et il est très excité.

6. Vous le caressez depuis quelques minutes et il vient d'arrêter de ronronner.

7. Votre journée de travail est terminée : vous venez de refermer la porte d'entrée derrière vous et votre chat vous accueille en miaulant et en se frottant contre le pied du guéridon.

8. Un objet très volumineux vient de tomber juste à côté de lui en faisant du bruit. Il sursaute, son poil est tout hérissé...

9. Il est midi, c'est l'été... Votre chat est étalé en plein soleil sur la terrasse.

10. Le chat du voisin est en train de traverser votre jardin et votre chat l'aperçoit par la fenêtre : il semble en colère.

Bonnes réponses

Comptez 1 point par bonne réponse. Additionnez les points obtenus, puis reportez-les en pages 43, 65 et 111.

Dessin A (2, 9) :

Les pupilles sont ici très rétrécies ; elles ont une forme de fente. En effet, le repos (2) et la pleine lumière (9) sont les deux conditions pour que votre chat ait les paupières rétrécies. Pupilles rétrécies signifient iris dilaté, au repos. Si votre chat adopte ce regard, cela signifie qu'il est détendu.

Dessin B (7) :

Votre chat est détendu, vigilant et content. Ses pupilles sont plus dilatées que s'il était au repos, mais il est suffisamment tranquille.

Dessin C (1, 3, 4, 6) :

Les émotions ressenties sont intenses mais contrôlées : l'iris se contracte, les pupilles sont donc plus dilatées. La surprise (1), la concentration intense nécessaire quand le chat est à l'affût (3), l'excitation liée à la nourriture (4) et enfin l'agacement ou l'irritation (6) représentent les situations classiques dans lesquelles votre chat peut avoir ce regard.

Dessin D (5, 8, 10) :

Votre chat ressent de très fortes émotions au point de risquer de perdre le contrôle de ses actes. Si le jeu l'excite au plus haut point (5), s'il ressent une peur panique (8) ou s'il est très en colère (10), il risque de se comporter de façon brusque et impulsive.

Commentaire

Une sensibilité aux mouvements

Le chat, comme tous les prédateurs, possède des capacités visuelles particulières : il est très sensible aux mouvements, et le plus léger mouvement de feuille éveille toute son attention. En revanche, les spécialistes estiment qu'il ne distingue pas très bien les couleurs et les détails. En résumé, il est daltonien et myope. Quand le chat est attiré par un objet, il concentre son attention sur celui-ci et l'observe précisément.

Une vision de jour comme de nuit

Le chat est nyctalope, c'est-à-dire qu'il a la capacité de voir dans l'obscurité.

En effet, une partie de sa rétine est constituée de cellules phosphorescentes qui réfléchissent la lumière : on l'appelle la zone du tapis. En outre, sa pupille peut se dilater à l'extrême quand il est dans l'obscurité, ce qui permet de laisser entrer le maximum de lumière dans l'œil.

Des pupilles qui changent de taille

Toutefois, la taille de la pupille peut varier en fonction des émotions ressenties. Au repos, surtout s'il y a suffisamment de lumière, la pupille est si rétrécie qu'elle prend la forme d'une fente : on parle de myosis. Plus le chat est attentif, plus la pupille se dilate. Lors de peur ou de forte colère, la pupille devient toute ronde, complètement dilatée. Lors de cécité, le chat aveugle a les pupilles souvent dilatées. On parle de mydriase. Des maladies oculaires mais aussi certains médicaments peuvent entraîner une mydriase.

Le saviez-vous ?

Des pupilles dilatées en permanence Si votre chat a en permanence les pupilles dilatées, s'il semble sursauter tout le temps pour un rien, il est probablement anxieux et il serait bien venu d'en parler à votre vétérinaire pour l'aider à mieux vivre.

En pleine lumière, la pupille du chat est rétrécie et prend la forme d'une fente.

Test 2 : les paupières

Observez la position des paupières de ce chat. À votre avis, que ressent-il ou que s'apprête-t-il à faire ? Sous chaque dessin, indiquez dans le champ libre le numéro de la situation décrite page 28 qui correspond à l'état des paupières.

A = situation ☐

B = situation ☐

C = situation ☐

D = situation ☐

1. Vous caressez votre chat sous le menton et il ronronne.

2. Le chien du voisin aboie, quelqu'un s'approche de la maison... votre chat guette.

3. Votre ami est venu avec son chien. Celui-ci s'est aussitôt précipité pour jouer avec votre chat, qui se retrouve acculé au fond du couloir. Les poils tout hérissés, il fait face au chien qui ne cesse d'aboyer...

4. Vous faites courir votre doigt sur le bord du mur ou de la table pour attirer son attention et le faire jouer...

5. Vous agitez un stylo laser sur un mur et votre chat court dans tous les sens pour essayer d'attraper la trace lumineuse.

6. Vous êtes chez le vétérinaire. Vous ouvrez le panier dans lequel vous avez mis, avec plus ou moins de facilité, votre chat. Il se terre au fond du panier, par crainte, en espérant probablement pouvoir se faire oublier.

7. Avez-vous déjà vu votre chat très en colère contre un autre chat ?!

8. Ses yeux sont rouges depuis qu'il est revenu de la pension. Il a le coryza.

9. Vous mangez du poulet et votre chat en est fou. Il se met à miauler, réclamant impérieusement un morceau !

10. Votre chat est couché sur le canapé... Vous l'appelez, il vous regarde et s'étire.

Bonnes réponses

Comptez 1 point par bonne réponse. Additionnez les points obtenus, puis reportez-les en pages 43, 65 et 111.

Dessin A (1, 8, 10) :

Quand les paupières de votre chat sont mi-closes, cela signifie qu'il est complètement apaisé et détendu. Il n'est pas en alerte, il n'a donc pas besoin de voir ce qui se passe autour de lui et il ferme les yeux de plaisir : le plaisir d'un moment de tendresse avec son maître (1) ou le bien-être ressenti alors qu'il se repose au calme dans un endroit sûr où aucun danger ne risque de survenir (10).

Toutefois, en cas d'affection oculaire, par exemple de conjonctivite virale (8), les paupières, qui ont pour rôle principal de protéger la cornée en l'humidifiant par les larmes, restent presque fermées tant que l'œil reste enflammé et rouge.

Dessin B (4) :

Lorsque votre chat est en alerte, qu'il concentre son attention sur le mouvement de votre doigt, ses paupières sont ouvertes, ses yeux s'arrondissent.

Dessin C (2, 5, 6, 9) :

Votre chat ouvre bien ses yeux, car il est dans un état de grande vigilance (2) ou d'excitation, par exemple en situation de jeu (5). Mais il est peut-être aussi en train de flairer un aliment qu'il adore (9) ou bien il ressent de la peur, par exemple chez le vétérinaire (6). Le niveau de son état émotionnel est élevé, mais il garde le contrôle.

Dessin D (3, 7) :

Les yeux semblent sortir de leurs orbites tant les paupières sont ouvertes. En effet, dans des situations extrêmes de peur (3) ou de très grande colère (7), votre chat perd le contrôle de ses émotions : son regard est alors celui d'une bête sauvage furieuse, les pupilles sont complètement dilatées et les yeux sont quasiment exorbités.

Commentaire

Une protection de la cornée

Le rôle principal des paupières est de protéger physiquement l'œil, plus précisément la cornée, simplement en se fermant pour la recouvrir. À l'instar d'un essuie-glace, en s'abaissant elle tapisse la cornée de larmes afin de l'humidifier et de la maintenir transparente.

Le clignement à la menace

Quand le vétérinaire approche rapidement son index de l'œil de votre chat pour vérifier qu'il voit bien, il provoque le réflexe de fermeture de la paupière. En effet, si votre compagnon voit bien, il ferme aussitôt les paupières pour empêcher le contact direct du doigt sur la cornée. C'est le réflexe de clignement à la menace.
Un chat aveugle ne voit pas le doigt approcher de la cornée, donc ne ferme pas les paupières à temps. Toutefois, il peut anticiper le geste grâce à sa grande sensibilité tactile (voir p. 21) : ses « sourcils » sont constitués de vibrisses très sensibles au moindre courant d'air. Tout objet qui se rapproche de sa tête, donc de ses yeux, sera perçu suffisamment vite et précisément pour que le chat évite son contact, soit en stoppant sa progression s'il marche, soit en fermant les yeux.

Fermeture des paupières et émotions

Le chat ne se détend, donc baisse la garde, que s'il ne pressent aucun danger. S'il perçoit des stimulations visuelles, sonores, tactiles ou olfactives inhabituelles, son niveau de vigilance augmente, ses sens se mettent en alerte, notamment les organes visuels. Ses paupières s'ouvrent alors complètement pour permettre à l'œil de mieux voir l'environnement en élargissant son champ visuel.

VÉRIFIER LE CONDUIT LACRYMAL

Au coin interne de chaque paupière se trouve un petit trou qui permet aux larmes de s'écouler. Cet orifice communique avec l'orifice nasal.
S'il est bouché, les larmes s'écoulent vers l'extérieur et les yeux paraissent alors sales. Le vétérinaire peut vérifier la perméabilité de ce conduit en déposant sur la cornée de la fluorescéine : ce produit, orange au départ, devient vert au contact des larmes. Si tout fonctionne bien, du liquide vert fluorescent s'écoule des narines du chat !

En pleine lumière, les paupières sont mi-closes pour protéger la rétine des rayons du soleil.

Test 3 : les oreilles

Regardez les oreilles de ce chat. D'après vous, que ressent-il ou que s'apprête-t-il à faire ? Dans le test suivant, indiquez dans le champ libre situé sous chaque dessin le numéro de la situation décrite ci-contre qui correspond à la position des oreilles.

A = situation ______

B = situation ______

C = situation ______

D = situation ______

1. Vous avez décidé de nettoyer les oreilles de votre chat, mais lui a horreur de cela ! Vous vous approchez de lui avec des Coton-Tige... Il se blottit dans le coin de la pièce, appréhendant le mauvais moment qu'il va passer.

2. Une mésange vient de se poser sur la terrasse !

3. La dernière fois que votre Persan est allé chez la toiletteuse, il l'a violemment mordue : c'est un vrai fauve !

4. Le chat de votre ami n'est pas très câlin : quand on approche la main pour le caresser, il montre qu'il ne le souhaite pas.

5. Votre chat est assis devant la fenêtre qui donne sur le jardin et il regarde dehors.

6. Le petit chaton que vous venez d'adopter regarde votre lacet, il le fait bouger avec sa patte pour jouer.

7. Comme d'habitude en début d'après-midi, votre chat s'est installé sur son fauteuil préféré pour faire sa toilette puis une petite sieste.

8. Votre félin est face à la fenêtre et regarde dans le jardin. Vous êtes dans le fauteuil derrière lui en train de lire. Vous tournez une page et votre compagnon oriente son attention vers vous sans se retourner pour autant.

9. Votre chien, qui s'approche de l'écuelle de lait du chat de vos amis, se fait alors violemment attaquer par ce chat qui est furieux.

10. Quand votre chat joue, il s'énerve parfois et devient agressif.

Bonnes réponses

Comptez 1 point par bonne réponse. Additionnez les points obtenus, puis reportez-les en pages 43, 65 et 111.

Dessin A (5, 7) :

Les oreilles de votre chat sont en position neutre. Votre chat est vigilant, mais calme. Il écoute, regarde et analyse sans manifester une émotion particulière (5) ou est occupé à une tâche habituelle, une activité primaire comme le toilettage (7), manger, boire ou dormir. Dans ce type de situation, le comportement de votre chat est contrôlé.

Dessin B (2, 6) :

Votre chat se concentre, son attention est augmentée et ses sens se mettent en éveil. Ses oreilles ou, plus exactement, ses pavillons auriculaires sont orientés vers la source du bruit qui a éveillé son attention, une éventuelle proie : il est à l'affût (2) ou s'attaque à ce qui le stimule particulièrement, par exemple lors de situation de jeu (6).

Dessin C (1, 4, 8, 10) :

Quand votre chat baisse les oreilles, c'est mauvais signe : il craint un événement désagréable (1, 4) ou est énervé comme parfois pendant un jeu (10).
Cependant, même si la stimulation sonore est légère, les pavillons auriculaires s'orientent aussi en direction de la source sonore. Cela permet au chat d'analyser la stimulation, donc son importance (8) sans qu'il ait besoin de se retourner. Il se retournera si cela s'avère nécessaire.

Dessin D (6 'Ɛ) :

Si vous avez le malheur d'être près d'un chat qui a les oreilles complètement plaquées vers l'arrière, coupez immédiatement tout contact avec lui, car l'attaque est imminente. En effet, un chat qui plaque ses oreilles vers l'arrière est dans un état de peur panique qui le transforme en fauve (3) ou le met dans un état de colère extrême (9). Le chat est hors contrôle : l'attaque sera très violente.

Commentaire

Orienter ses oreilles pour mieux entendre

Le chat possède une ouïe très fine. Comme le chien, il perçoit des sons de fréquences élevées appelés ultrasons. C'est grâce à cette capacité qu'il perçoit les petits cris des rongeurs ou des oiseaux, ses proies favorites quand il vit dans la nature. Afin de mieux localiser une éventuelle proie, il oriente ses pavillons auriculaires, véritables cornets amplificateurs, qui vont le renseigner précisément sur la localisation et les mouvements de son éventuelle victime.

> **Le saviez-vous ?**
>
> **Des oreilles trop souvent baissées** Si votre chat baisse souvent les oreilles, cela signifie qu'il est tout le temps sur la défensive, qu'il ressent souvent de l'appréhension, de la crainte, voire de la peur. Bref, il est anxieux. Parlez-en à votre vétérinaire, car il peut sans doute vous aider à rendre votre chat serein, en tout cas moins anxieux.

Les oreilles, un révélateur des émotions

La position des oreilles dépend aussi de l'état de vigilance et de l'état émotionnel du chat :

– Au repos, les oreilles sont dressées sur la tête, un peu vers l'avant. Le chat est dans un état émotionnel neutre : il est vigilant, mais calme.

– Si une stimulation survient, l'attention du chat est accrue et induit une modification de l'orientation de ses oreilles qui pointent alors vers la source de la stimulation.

– S'il est irrité ou dans un état de crainte, ses oreilles s'abaissent et sa tête est un peu en retrait. Il est sur la défensive, comme s'il se sentait acculé. Traduction : « Si tu continues de t'approcher, je te saute dessus ! ». Le stade ultime, c'est la peur panique ou la colère, quand le chat attaque. Il est alors dans un état de fureur tel que, pour lui, c'est probablement la seule solution pour se sortir d'une situation qui met en jeu son intégrité, sa vie.

Ce chat a entendu un mouvement derrière lui : il oriente le pavillon de ses oreilles vers l'arrière.

Test 4 : les moustaches

Observez les moustaches de ce chat. À votre avis, que ressent-il ou que s'apprête-t-il à faire ? Sous chaque dessin, indiquez dans le champ libre le numéro de la situation décrite page 34 qui correspond à la position des moustaches.

A = situation ______

B = situation ______

C = situation ______

D = situation ______

1. Vous replacez les coussins sur votre canapé, votre chat est assis, il attend que vous ayez fini pour s'y installer.

2. Vous caressez votre chat sous le menton : il adore ça, il ronronne.

3. Vous approchez une écorce de mandarine devant son nez...

4. Vos chats se battent : ils se font face, ils crachent, leurs oreilles sont plaquées vers l'arrière, leurs pupilles sont dilatées...

5. Votre petit compagnon adore le superbe camélia que vous venez de placer dans votre séjour : il tourne autour du pot et joue avec les fleurs.

6. Il est content : il approche sa tête du bord de la table de salon, puis se frotte...

Bonnes réponses

Comptez 1 point par bonne réponse. Additionnez les points obtenus, puis reportez-les en pages 43, 65 et 111.

Dessin A (9 'S 'Z) :

Les moustaches sont portées vers l'avant dans différentes situations :

– Votre chat s'intéresse particulièrement à l'aliment qu'il flaire (5).

– Lorsque vous caressez votre chat sous le menton, il porte mécaniquement ses moustaches vers l'avant (2), surtout s'il apprécie ce type de caresse.

– Juste avant qu'il ne se frotte sur le coin d'un meuble pour effectuer un marquage facial, votre chat le flaire en orientant ses moustaches vers l'avant (6).

Dessin B (Ɩ) :

Quand il est au repos ou dans un état de calme vigilance ou d'attente placide (1), les moustaches du chat, comme ses oreilles, sont en position neutre.

Dessin C (Ɛ) :

Pour éviter une mauvaise odeur (3) ou quelque chose de désagréable, votre chat se met en retrait et notamment rabat ses moustaches vers l'arrière.

Dessin D (ᔭ) :

Souvenez-vous qu'en cas de grande colère (4) ou de peur, juste avant l'attaque, le chat plaque complètement ses oreilles et ses moustaches vers l'arrière.

Caressez votre chat sous le menton, il orientera ses moustaches vers l'avant.

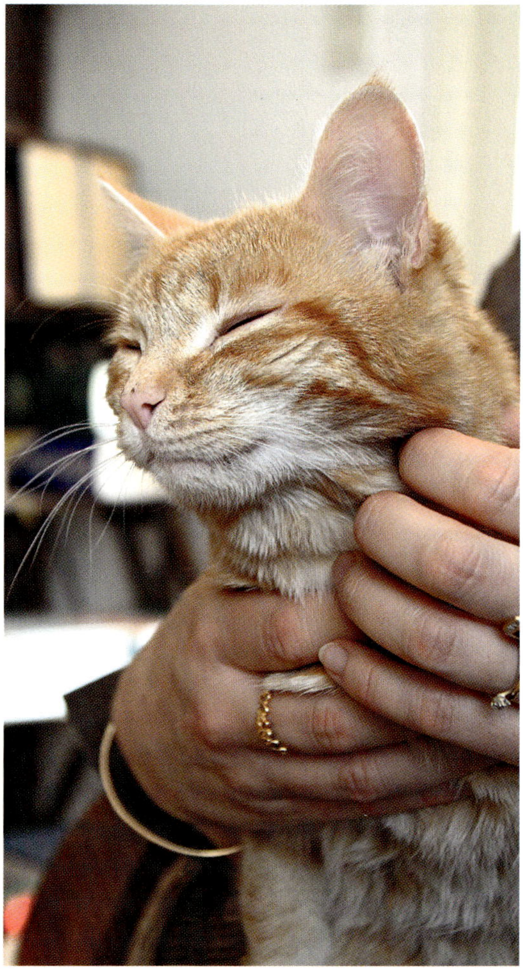

Commentaire

Les moustaches : des radars de haute précision

Les moustaches sont des organes sensoriels aux fonctions tactiles que l'on nomme vibrisses. Très sensibles au moindre mouvement d'air, leur rôle premier est d'informer le chat sur l'espace physique proche qui l'entoure. Il faut imaginer que ce sont comme de minuscules « cannes blanches ». Ces radars lui permettent d'apprécier très finement et très rapidement la nature des obstacles, afin de les éviter. Comme il s'agit de grands poils épais, ils tombent parfois de « vieillesse ». Ce n'est pas grave, un autre repoussera et, de toute façon, les autres poils fonctionnent toujours. Cependant, il est déconseillé de les couper comme parfois s'en amusent les enfants : si cela arrive, sachez que votre chat sera sans doute un peu déstabilisé au début, mais il s'adaptera vite et surtout, ces poils repousseront et reprendront leur taille initiale, donc leur fonction.

L'orientation des moustaches selon les émotions

Les organes sensoriels ont une fonction d'information pour le chat, mais aussi une fonction secondaire d'information pour tout individu qui se trouve face à lui.
Incontestablement moins facile à interpréter, parce qu'aussi moins visibles que d'autres parties du corps comme la queue ou les oreilles, la position des moustaches permet d'évaluer dans quel état de vigilance ou dans quel état émotionnel se trouve le félin. Quand le chat est intéressé, tout son corps est vers l'avant ; quand il est en retrait, avant une attaque ou pour l'éviter, son corps est aussi en retrait pour se soustraire au contact ou comme s'il était dans les starting-blocks !

Test 5 : la queue

Observez comment bouge la queue de ce chat et comment il la porte. D'après vous, que ressent-il ou que s'apprête-t-il à faire ? Dans le test suivant, indiquez dans le champ libre situé sous chaque dessin le numéro de la situation décrite ci-contre qui correspond à la position et aux mouvements de la queue.

A = situation [ ]

B = situation [ ]

C = situation [ ]

D = situation [ ]

1. Assis sur la table du jardin, votre chat aperçoit la voisine, qui n'aime pas les chats, rôder dans son jardin… il la regarde, agacé.

2. Vous versez quelques croquettes dans la gamelle de votre chat. Ce dernier entend ce bruit si familier et se précipite dans la cuisine…

3. L'ami avec qui vous allez passer une semaine de vacances vient d'arriver. Il a emmené son chat qu'il sort de son panier. Celui-ci marche dans la pièce qu'il découvre.

4. La porte d'entrée s'ouvre brutalement. Votre chat, qui était assis, sursaute et se met à marcher en crabe en crachant sur la personne qui entre.

5. Vous caressez le chat de votre ami qui n'est pas toujours très sociable. Il ne ronronne pas, ses oreilles sont un peu en arrière.

6. Votre félin a vu une mouche en train de marcher sur la vitre : il est à l'affût…

7. Votre chat adore votre chien et se frotte souvent contre son cou lorsqu'il le rencontre dans le couloir.

8. Votre chat marche dans le jardin, il l'arpente comme s'il s'agissait de son domaine.

9. Quatre chatons sont en train de jouer. Ils jouent à se faire peur, à se battre et à se poursuivre. L'un d'entre eux se met de côté et sautille en s'avançant vers l'un de ses frères.

10. Votre chat n'est pas castré. Parfois, dans le jardin, il flaire le lierre situé le long du mur, puis se retourne, piétine un peu des membres postérieurs et urine en jet contre le lierre.

Bonnes réponses

Comptez 1 point par bonne réponse. Additionnez les points obtenus, puis reportez-les en pages 43, 65 et 111.

Dessin A (2, 7, 10) :

Quand votre chat a la queue dressée, verticale avec parfois l'extrémité qui retombe comme le manche d'une canne, cela signifie qu'il est joyeusement excité parce qu'il va avoir à manger (2) ou qu'il voit un être aimé, le chien de la maison par exemple (7), auquel il va d'ailleurs se frotter. Juste avant un marquage urinaire, c'est-à-dire quand votre chat s'apprête à uriner en jet sur un support vertical, il dresse sa queue, qui tremble d'ailleurs légèrement (10).

Dessin B (3, 8) :

Si votre chat se trouve dans une activité banale et ne ressent pas d'émotion particulière – comme explorer un endroit nouveau auquel il ne s'est pas encore familiarisé (3) ou marcher dans le jardin (8) –, sa queue est portée assez basse, elle est souple et n'a qu'un léger rôle d'équilibre lorsqu'il marche.

Dessin C (4, 9) :

Lorsque votre chat est surpris par un individu, ou plus exactement par un intrus qui surgit dans son territoire (4 et 9), il adopte une posture particulière. Le dos rond, les poils du corps et surtout ceux de la queue tout hérissés, il sautille de côté comme un crabe. C'est l'agression territoriale.

Dessin D (1, 5, 6) :

Lorsqu'un chat remue la queue, c'est mauvais signe. Il n'est pas content (1), il est agacé, irrité parce qu'on le caresse et qu'il n'aime pas cela (5) ou il est un peu frustré et excité parce qu'il n'arrive pas à attraper une petite proie ou bien un jouet (6).

Commentaire

La queue, un rôle secondaire dans l'équilibre

Comme pour tous les animaux qui en ont une, la queue joue un rôle dans l'équilibre du chat, notamment quand il marche. Le léger mouvement de balancier que l'on peut remarquer en est la preuve. Toutefois, un chat ne souffrira pas s'il naît sans queue (exemple : chat de l'île de Man) ou si, suite à un traumatisme, on a dû la lui couper (caudectomie). Le chat possède un corps suffisamment souple et musclé pour s'adapter facilement à l'absence de queue.

Des positions et des mouvements très significatifs

La queue du chat reflète de façon très remarquable ce que ressent le chat et tout possesseur de chat doit savoir interpréter correctement ses positions et ses mouvements.

Tout d'abord, un chat qui remue la queue n'est jamais content, contrairement au chien : il est agacé et énervé (voir encadré p. 63). S'il ne peut se soustraire à ce qui le contrarie, il agressera.

En revanche, s'il marche membres tendus, comme s'il marchait sur la pointe des pattes, la queue dressée – l'extrémité retombant parfois comme la poignée d'une canne –, le chat est actif et content : il s'apprête à effectuer un marquage facial, marquage de satisfaction et de familiarisation, à manger un mets appétissant ou est juste heureux d'aller à la rencontre d'un être qu'il affectionne.

Quand les poils de la queue sont hérissés, c'est la traduction évidente d'une montée d'adrénaline qui est sécrétée en situation de danger et est associée à l'émotion de peur.

Lors d'un marquage facial, la queue du chat est dressée verticalement s'il est content.

Test 6 : les postures

Observez la position du corps de ce chat. À votre avis, que ressent-il ou que s'apprête-t-il à faire ? Sous chaque dessin, indiquez dans le champ libre le numéro de la situation décrite page 40 qui correspond à la posture du chat.

A = situation [ ]

B = situation [ ]

C = situation [ ]

D = situation [ ]

E = situation

F = situation

G = situation

H = situation

1. Vous revenez des courses et vous sortez d'un sac une grosse peluche pour votre enfant. Votre chat n'ose pas s'en approcher.

2. Votre chat est couché sur vos genoux. Vous le caressez, il ronronne. Puis il se retourne sur le dos et montre son ventre.

3. Le chat de votre ami est assez agressif : il a la fâcheuse habitude d'attraper vos chevilles lorsque vous marchez dans le couloir.

4. Votre animal a peur des petits enfants : si un enfant s'approche de lui, il crache.

5. Il vous voit prendre une bouteille de lait et comprend que vous allez lui en verser dans son bol.

6. Il est sur la table d'examen du vétérinaire, il vient de se coucher sur le côté…

7. Le chien de vos voisins vient par mégarde d'entrer chez vous. Il n'a pas encore vu votre chat qui, lui, vient de l'apercevoir !

8. Il est malade, il semble indifférent à tout.

9. Votre chat vient d'arriver dans votre nouvelle maison…

10. Cela ne fait que deux jours que vous avez emménagé dans ce nouvel appartement et votre chat semble déjà s'y être habitué.

Bonnes réponses

Comptez 1 point par bonne réponse. Additionnez les points obtenus, puis reportez-les en pages 43, 65 et 111.

Dessin A (5, 10) :

Cette posture joyeusement tendue est caractéristique des félins et du chat en particulier. Content, il arbore sa queue et on s'attend à ce qu'il frotte sa tête et son corps dans les secondes qui vont suivre.

Ce frottement caractéristique d'un chat ressentant de la joie est un marquage de familiarisation qui signifie : « Je me sens bien, je t'aime bien. » ou « Je suis bien ici, j'aime bien cette table. » Le chat est un petit peu excité, mais joyeux.

Dessin B (2) :

Un chat qui montre son ventre n'est pas toujours détendu. C'est l'expression de sa face ou, plus exactement, le positionnement de ses oreilles, la taille de ses pupilles et l'ouverture de ses paupières qui vous indiquera s'il est détendu et ravi que vous le caressiez sur le ventre ou non. Car cette position peut aussi être le signe d'une attaque imminente.

Dessin C (6) :

À l'inverse de la situation précédente, le chat est tendu : ses oreilles sont basses et ses pupilles dilatées, il est dans une situation de crainte, mais aussi de défense. Il peut réagir rapidement parce que toutes ses griffes sont prêtes à attaquer.

Dessin D (1, 9) :

Votre chat est dans un état de grande vigilance. En alerte, inquiet, il explore prudemment l'objet dont il ne saisit pas la nature (1) ou l'espace dans lequel on l'a placé et où il n'a pas ses marques (9). Quand il aura compris de quoi il s'agissait (1) ou qu'il aura marqué son territoire (9), il se détendra et perdra cette attitude inquiète.

Dessin E (7) :

La situation correspond à une agression territoriale. Le chat adopte cette posture avec le corps en U inversé, les oreilles plaquées vers l'arrière, les pupilles dilatées, le poil hérissé tout en feulant, l'objectif étant de faire fuir immédiatement l'intrus qui vient de pénétrer dans son territoire.

Dessin F (4) :

Le chat est dans un état de crainte ou de peur. Il se blottit, un peu comme s'il voulait se faire tout petit pour se faire oublier. Plus la personne qui lui fait peur approche, plus il se ratatine, ses oreilles plaquées vers l'arrière de la tête, ses pupilles se dilatant. Par moments, il crache pour faire reculer « l'agresseur » qui se trouve en face de lui.

On parle d'agression par irritation de distanciation – c'est-à-dire qui vise à mettre à distance : c'est évidemment une agression défensive.

Dessin G (3) :

Le chat adopte une posture de prédateur à l'affût. Il se cache, s'immobilise en fixant du regard sa cible. Dès qu'elle est à sa portée, il fond sur elle et l'attrape.

Les chevilles d'une personne qui marche peuvent ressembler à de petites proies qui sautillent, surtout si le chat se trouve dans un état d'alerte important. C'est le cas en général pour tous les chats en fin de soirée, vers 22 ou 23 heures, au moment où, dans la nature, certains petits mammifères nocturnes s'activent, devenant alors des proies potentielles pour les prédateurs, et notamment les chats.

Dessin H (8) :

Quand le chat est malade, il se met souvent dans la position du sphinx. C'est une position antalgique, c'est-à-dire une position dans laquelle il ressent le moins de douleur possible, entre veille et sommeil. Sa tête est portée basse, car il ressent une grande fatigue ou bien il est dépressif.

Commentaire

Un corps très souple

Grâce à sa grande souplesse et à son agilité, le chat peut adopter de multiples postures. Il peut sauter haut grâce aux muscles puissants de ses membres postérieurs, s'agripper avec ses griffes, se hisser grâce aux muscles de ses membres antérieurs et se retourner complètement en l'air pour retomber souplement sur ses pattes lorsqu'il saute de haut.

La signification de la position sur le dos

Pour montrer qu'il se soumet, le chien se met sur le dos et s'immobilise. Chez le chat, il n'y a pas de tels rituels sociaux alliant postures de dominance et position de dominé. Les postures sont plutôt associées aux émotions et aux intentions du chat.

Au contraire, lors de conflits, le chat qui se met sur le dos s'apprête à agresser l'individu qui le touchera. En effet, cette position lui permet d'utiliser si besoin ses quatre pattes, armées chacune de griffes, et ses dents.

Le saviez-vous ?

Le chat qui se frotte contre vous, mais qui mord ensuite... Quand je rencontre un chat, j'ai la fâcheuse habitude de tenter de le caresser. S'il semble détendu, je l'appelle pour attirer son attention et, s'il s'approche, je le caresse. Certains chats semblent très amicaux : ils se dressent sur la pointe de leurs pattes, plissent les yeux, ronronnent et frottent leur tête contre votre jambe.

Cependant, je me souviens d'avoir eu affaire un jour à un chat certes très amical, mais aussi très excitable : après deux caresses qu'il semblait apprécier, il se retourna brusquement pour mordre (voir p. 62).

Conclusion, méfiez-vous des chats inconnus qui viennent rapidement se frotter contre vous et recevoir des caresses : en général, ces chats sont trop impulsifs et sensibles, donc excitables et irritables. Dorénavant, je caresse brièvement ces chats pour éviter de les irriter et de me faire agresser.

D'une manière générale, les chats n'apprécient pas qu'on les caresse sur le ventre. Cette zone est en effet sensible et très vulnérable : la toucher provoque souvent des réactions de défense (agressions par irritation). Toutefois, certains chats bien socialisés adorent que leur maître les caresse sur le ventre : cela semble pour eux être un moment délicieux.

Ce chaton est endormi ventre à l'air, en toute confiance.

Vos résultats : regardez-vous bien votre chat ?

Faites le total des points obtenus aux tests 1 à 6 et reportez-vous au commentaire correspondant.

De 0 à 14 :

Aïe ! Peut-être avez-vous mal compris les règles du jeu ? Non ? Alors, il semble que vous ne connaissez pas bien les chats et surtout ce que signifie leur regard, la position de leurs oreilles, de leur queue et de leur corps en général. Si vous comprenez mal votre chat, il risque d'y avoir des malentendus, donc des conflits inutiles. Peut-être serez-vous plus performant lors des tests suivants. Toutefois, relisez bien les commentaires associés à chaque test, donnez-vous quelques jours pour observer votre chat et réalisez de nouveau les tests.

De 15 à 28 :

Ce n'est pas très clair pour vous, vous n'avez pas la moyenne. Lorsque vous regardez votre petit félin, vous avez des difficultés à estimer dans quel état émotionnel il se trouve, donc ce qu'il ressent. En l'observant plus attentivement, vous pourrez probablement découvrir qui il est vraiment et comment il fonctionne. Ce qui est important pour commencer, c'est de bien décoder son regard (taille des pupilles, position des oreilles, placement de la queue). Si vous réussissez à bien interpréter ces trois types d'éléments, vous avez peu de risques de vous tromper sur les émotions et les intentions de votre chat.

De 29 à 42 :

Bien ! Le répertoire des signaux visuels qu'émet le chat a peu de secrets pour vous en général. Il convient peut-être de continuer encore à observer votre chat ou d'autres chats pour percevoir les petits signes qui améliorent beaucoup la qualité de la communication entre vous. Si le total de vos points aux tests 1, 3 et/ou 5 est inférieur à 10, revoyez précisément les commentaires de ces tests. Il est très important de bien interpréter les modifications de taille de la pupille, de position des oreilles et de la queue, sinon vous risquez de contrarier inutilement votre chat en continuant à le caresser par exemple alors qu'il ne tolère plus ce contact.

De 43 à 56 :

Bravo ! Une belle complicité semble s'être installée entre vous et votre chat. Vous avez sans doute une grande sensibilité visuelle. En tout cas, la connaissance que vous avez des chats, peut-être des animaux en général, vous permet d'entretenir des relations affectives respectueuses et riches avec eux.

Test 7 : les miaulements

Les miaulements peuvent être de différentes natures (ton de la demande ou de l'interrogation, roucoulements, signe d'un agacement…) et accompagnés de postures ou de mimiques faciales explicites. Identifiez-vous bien la nature des miaulements de votre chat ? Sous chaque dessin, indiquez dans le champ libre le numéro du miaulement décrit ci-contre qui correspond.

A = situation ☐

B = situation ☐

C = situation ☐

D = situation [ ]

E = situation [ ]

1. Votre chatte miaule sans cesse depuis deux jours comme si elle appelait.

2. « Miaou, miaou… » demande votre chat de manière impérieuse.

3. Votre chat voit le chat du voisin monter sur votre terrasse : « MIAOUHOUhouou… ».

4. Votre chat s'aperçoit que vous le regardez : il vous dit « miiiaou » sur un ton aigu et interrogatif, en « souriant » légèrement.

5. « Miaououou » : votre chat vous avertit qu'il n'a plus envie que vous le caressiez.

Bonnes réponses

Comptez 1 point par bonne réponse. Additionnez les points obtenus, puis reportez-les en pages 51, 65 et 111.

Dessin A (4) :

De petits miaulements sont parfois émis par le chat alors qu'il semble complètement apaisé et heureux : ses pupilles sont rétrécies et ses paupières sont mi-closes. Ils n'ont pas une réelle fonction de communication. Ces petites vocalisations permettent juste au chat de rappeler à son maître bien-aimé qu'il est bien là et que tout va bien. On pourrait traduire cela par un « Ça va ? Moi, ça va très bien ! ». Il s'agit d'une sorte de petit rituel de communication qui permet juste de « consolider » des liens affectifs préexistants.

Dessin B (2) :

Dans la situation 2, les miaulements constituent clairement une demande pressante. Ils accompagnent l'excitation du chat et son empressement à recevoir de la nourriture ou une caresse quand son maître rentre du travail. Ses pupilles sont dilatées, ses moustaches et ses oreilles sont en avant.

Dessin C (5) :

Quand votre chat est agacé et qu'il souhaite qu'on le laisse tranquille, qu'on arrête de le caresser par exemple, il peut vous avertir en vocalisant, par un miaulement pas toujours très audible, assez bref, qui précède un crachement, une morsure, une griffure ou la fuite. D'autres signes vous permettent de vous rendre compte que votre chat est agacé : il baisse ses oreilles, ses pupilles se dilatent, il bat de la queue…

Dessin D (1) :

Les vocalisations de la chatte en chaleur sont très caractéristiques, surtout par le fait qu'elles sont très sonores et incessantes pendant les 2, 3 ou 8 jours que peuvent durer les chaleurs. Dans la nature, ces miaulements très sonores visent à attirer les mâles aux alentours qui, eux-mêmes, vocaliseront ensuite quand ils se battront entre eux.

Dessin E (3) :

La vue d'un autre chat sur son territoire met votre chat en colère. Il adopte alors la posture en U inversé ; son poil est tout hérissé, ses pupilles sont dilatées et ses oreilles sont plaquées vers l'arrière. Il miaule d'une voix grave, parfois de façon sourde, parfois de façon beaucoup plus sonore. Il peut aussi cracher, hurler – on parle de feulement. Cette parade très menaçante vise évidemment à

GÉRER LES CHALEURS DE LA CHATTE

Les chaleurs cessent quand il y a accouplement, car le coït déclenche l'ovulation qui induit l'arrêt des chaleurs dans les 10 heures qui suivent. Pour certaines chattes, les chaleurs durent 2 ou 3 jours et surviennent deux fois par an (souvent début février, puis en mai ou juin). Pour d'autres, les chaleurs durent jusqu'à 10 jours et reviennent plus souvent.
Si vous n'avez pas de chat à présenter à votre chatte, le moyen le plus « naturel », mais peu effectué en pratique, pour interrompre les chaleurs est d'introduire un Coton-Tige dans son vagin. Cette pénétration déclenche alors l'ovulation, donc permet d'arrêter les chaleurs.
Administrer la pilule peut permettre d'interrompre les chaleurs ou d'éviter qu'elles apparaissent, mais ce moyen chimique est à employer ponctuellement ou temporairement. En effet, les progestatifs induisent à long terme des modifications physiologiques importantes : ils augmentent le risque d'infection de l'utérus, de diabète et d'apparition d'anxiété. Si les chaleurs sont fréquentes et que vous ne souhaitez pas faire reproduire votre chatte, il vaut mieux la stériliser.
La solution la moins nocive est la stérilisation ou l'ovariectomie (les ovaires sont retirés). Le seul petit risque, qui peut être évité, est une prise de poids ensuite. Un conseil : pendant les 6 mois qui suivent l'opération – c'est-à-dire le temps que l'organisme retrouve son équilibre physiologique –, donnez-lui des croquettes « de régime », c'est-à-dire hypocaloriques. Après cette période, vous constaterez qu'elle n'aura pas pris de poids et vous pourrez lui redonner ses croquettes habituelles.

impressionner l'intrus pour qu'il stoppe tout de suite sa progression et qu'il sorte au plus vite du territoire. Si ce dernier n'obtempère pas, le chat le fera fuir en lui courant après… et s'il ne court pas assez vite, son poursuivant lui mordra les fesses !

Commentaire

Des vocalises subtiles

Certains miaulements sont émis de manière instinctive dans certains contextes (combats, grandes colères, chaleurs chez la femelle). D'autres sont plus modulés et semblent parfois imiter la mélopée qui accompagne les phrases prononcées par les humains qui vivent avec le chat. En effet, on reconnaît clairement l'intonation interrogative de certains miaulements ou clairement affirmée de certains autres. Par exemple, tous les matins, quand je me dirige vers la salle de bains, mon chat Chatoune me précède et saute dans la baignoire : il attend que je lui ouvre le robinet… il adore l'eau ! Il me regarde et miaule, comme s'il me demandait gentiment « Tu fais couler l'eau ? ». Parfois, ses miaulements sont émis sur un ton plus impérieux signifiant : « Bon alors, tu l'ouvres, ce robinet ? ». Autre exemple : parfois, quand je lui coupe les griffes et qu'il commence à en avoir assez, il miaule sur un ton qui semble vouloir dire « Aïe, tu m'énerves. Arrête ou je te mords… ». Je pense que le chat est capable de moduler ses vocalisations en fonction des intonations verbales des personnes qui entretiennent avec lui des relations affectives importantes. Plus une personne va répondre aux miaulements de son chat et parler avec lui, plus elle va renforcer ce mode de communication.

Le saviez-vous ?

Anxiété et vocalises Dans certains cas d'anxiété, les maîtres rapportent que, par moments, leur chat se met à déambuler dans l'habitation en miaulant à tue-tête, comme s'il appelait, comme une chatte qui serait en chaleur (mais ce n'est pas le cas en l'occurrence). Le chat semble en demande (mais de quoi ?) et angoissé (il est inquiet, il fronce les sourcils). Généralement, ce ne sont pas les seules manifestations d'angoisse s'il s'agit effectivement d'anxiété. De la malpropreté, de l'agressivité ou un léchage exagéré de certaines régions de corps sont également présentes.

Des chats plus ou moins bavards

Tous les chats ne semblent pas avoir la même aptitude pour s'exprimer en miaulant. Il y a très certainement une part de génétique. Ainsi, les Siamois sont réputés pour être très bavards. Toutefois, les personnes qui adoptent un chat de cette race recherchent aussi sans doute ce type de relation, donc vont entretenir et renforcer la communication « verbale » ou plutôt sonore avec leur chat. Il est probable aussi que si la chatte vocalisait beaucoup avec ses chatons, elle ait stimulé alors le canal auditif chez ses petits qui ont donc utilisé tôt ce moyen pour communiquer.

Le feulement d'un chat est toujours impressionnant.

Test 8 : les autres sons

Le chat émet de nombreux autres sons pour communiquer : il ronronne, mais il peut souffler, feuler, cracher, haleter… Dans le test suivant, indiquez dans le champ libre situé sous chaque dessin le numéro de l'affirmation ci-contre qui correspond au son émis.

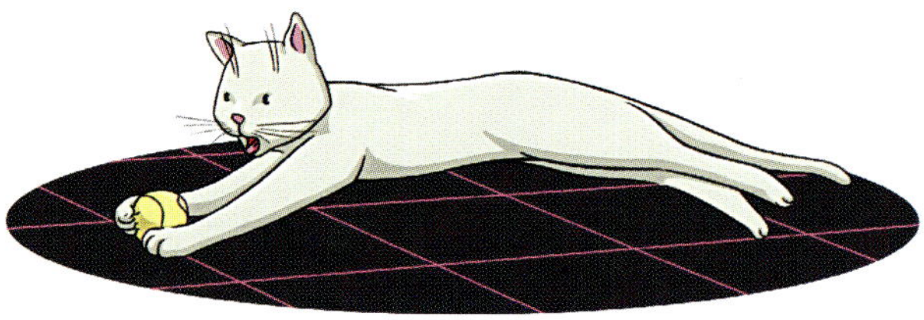

A = situation [ ]

B = situation [ ]

C = situation [ ]

D = situation [ ]

E = situation ☐

1. Votre chat ronronne, vous entendez comme un moteur qui tourne en rythme. Les paupières mi-closes, il est détendu et pétrit un peu avec les pattes avant.

2. Un moineau vient de se poser sur une branche alors que votre chat observe derrière la fenêtre, il se met à pousser de petits cris, comme s'il caquetait : « Kakakakak ! ».

3. « Rrrhahahahah » : pupilles dilatées, oreilles plaquées vers l'arrière et poil hirsute, il crache devant le chat du voisin qui vient de pénétrer dans le jardin.

4. Il halète comme s'il venait de faire un marathon tant il est excité de jouer… il a du mal à reprendre son souffle.

5. « Ffffffff » : alors que vous alliez caresser le chat de votre ami qui n'est certes pas toujours très sociable, il se met à souffler, les oreilles un peu en arrière.

Bonnes réponses

Comptez 1 point par bonne réponse. Additionnez les points obtenus, puis reportez-les en pages 51, 65 et 111.

Dessin A (4) :

Les chats halètent rarement après un exercice physique important. En revanche, ce comportement est fréquent chez le chien : il « tire la langue » dès qu'il fait chaud ou s'il vient de courir. En fait, le chat a tendance à s'économiser : s'il faut chaud, il se réfugie au frais et ne sort de sa cachette que lorsque la fraîcheur s'installe. Ce n'est pas un animal endurant ni un coureur de fond, c'est un sprinter : quand il chasse, c'est en solitaire et la course qu'il effectue pour attraper sa proie est généralement brève. Un chat hyperactif ne ressent pas la fatigue et peut jouer jusqu'à l'épuisement : il peut alors haleter.

Dessin B (1) :

Ronronnement rime avec bien-être, apaisement… bonheur ! Le chat qui ronronne est apaisé, détendu, peut-être même un peu excité au point de pétrir avec ses pattes avant comme le font les chatons sur le ventre de leur mère quand ils tètent.

Dessin C (2) :

Ce comportement instinctif, incroyable et drôle se manifeste lorsqu'un chat regarde obstinément un oiseau qui s'est posé sur le rebord de la fenêtre. C'est d'autant plus surprenant lorsqu'on l'observe chez des chats ayant toujours vécu en appartement et qui n'ont jamais eu l'occasion de chasser les oiseaux dans le jardin.

Dessin D (5) :

Souffler constitue pour le chat une façon de menacer quand il cherche à mettre à distance un individu qui représente pour lui une menace. Autre technique : il peut aussi miauler, souffler, cracher avant de donner un coup de patte... ou de dent.

Dessin E (Ɛ) :

Quand un chat crache, la menace est très forte. Si l'individu qui déclenche cette réaction ne s'éloigne pas assez vite, le chat passera très probablement à l'attaque, c'est-à-dire qu'il le poursuivra, le griffera et/ou le mordra. Ce type de réaction s'observe dans les agressions territoriales (3), mais aussi lors des agressions par irritation et par peur.

Commentaire

L'origine du ronronnement

Il semble que le ronronnement soit la persistance d'une manifestation infantile que l'on observerait essentiellement chez les félins domestiqués.

Le ronronnement proviendrait d'une particularité morphologique chez le chat : lorsque le chat est détendu, sa tension artérielle baisse, ce qui induit des turbulences au niveau du flux sanguin dans la veine cave (située dans la région du diaphragme). Celles-ci engendreraient des vibrations dans la trachée qui seraient à l'origine du ronronnement.

Le rôle du halètement

Le halètement gueule ouverte permet à l'animal d'oxygéner son sang plus vite que s'il respirait par le nez. Chez le chat, le halètement survient dans trois cas :

– Il a une affection respiratoire ou une anémie (pas assez de globules rouges), ce qui explique qu'il a du mal à bien respirer, à bien s'oxygéner quand il produit un effort.

– Il angoisse et il est dans un endroit clos, en voiture, par exemple. Il a trop chaud et il halète, car il ne peut pas refroidir son corps en suant comme le font les humains.

– Enfin, il ne sait pas s'arrêter dans le jeu, car il est hyperactif. Il ne s'arrête que lorsqu'il est épuisé : hors d'haleine, il se couche et halète.

Quoi de plus apaisant que le ronronnement d'un chat !

Vos résultats : écoutez-vous bien votre chat ?

Faites le total des points obtenus aux tests 7 et 8 et reportez-vous au commentaire correspondant.

De 0 à 3:

Ce résultat montre que vous ne connaissez pas bien les vocalisations félines et leur signification. Observez et écoutez attentivement tous les chats que vous rencontrerez dans les jours qui viennent, puis réalisez de nouveau ces tests.

De 4 à 7:

Il existe encore des malentendus entre vous et votre chat. Il conviendrait de l'écouter et de lui parler plus souvent pour affiner vos relations auditives.

De 8 à 10:

Très bien, vous avez de l'oreille ! En tout cas, vous êtes sensible aux vocalisations et aux autres sons qu'émet votre petit félin. Vous le connaissez très bien et vous devez probablement beaucoup lui parler. Continuez ainsi !

Test 9 : **les comportements de marquage**

Le test suivant va vous permettre de faire le point sur vos connaissances concernant les marquages chez le chat. Sous chaque photo, indiquez dans le champ libre si les affirmations sont vraies ou fausses.

A = vrai ou faux ?

1. En se frottant contre un meuble ou un objet, votre chat signale qu'il se sent bien dans sa maison. Il s'agit d'un marquage facial territorial apaisant.

2. Un chat qui ne marque jamais les meubles ou les objets est resté très infantile ou est anxieux.

B = vrai ou faux ?

3. Lorsqu'il se frotte contre votre jambe, votre compagnon vous fait comprendre qu'il apprécie l'odeur que vous portez sur vos vêtements.

C = vrai ou faux ?

D = vrai ou faux ?

4. Quand votre chat frotte sa tête sur l'encolure de votre chien, cela signifie qu'il le domine.

5. Lorsque deux chats se toilettent mutuellement, il s'agit d'un comportement de familiarisation, d'une sorte de rituel affectif.

E = vrai ou faux ?

F = vrai ou faux ?

6. En dehors des périodes de chaleur, le marquage urinaire est un signe de bien-être.

7. Les chats mâles non castrés effectuent beaucoup plus de marquages urinaires que les chats stérilisés, surtout s'il y a des femelles en chaleur aux alentours.

8. Si un chat griffe beaucoup, c'est qu'il est particulièrement nerveux et anxieux.

9. Quand un chat griffe le tronc d'un arbre, cela signifie qu'il aimerait bien grimper sur l'arbre, mais qu'il n'ose pas.

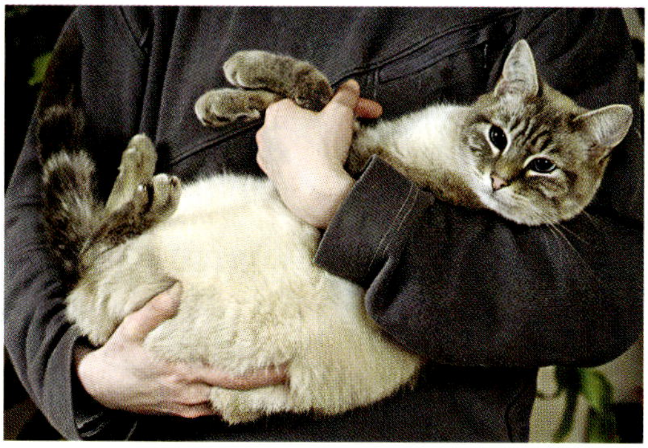

G = vrai ou faux ?

10. Si votre chat sent souvent très mauvais quand vous le prenez dans les bras, c'est qu'il a peur. En effet, les sécrétions des glandes anales émises par réflexe quand le chat a peur exhalent une très mauvaise odeur.

Bonnes réponses

Comptez 1 point par bonne réponse. Additionnez les points obtenus, puis reportez-les en pages 56, 65 et 111.

Photo A (1-vrai, 2-vrai) :

Le marquage facial est toujours un marquage apaisant, on parle de marquage de familiarisation. Effectué sur un objet inanimé, il permet au chat de déposer des sécrétions avec des phéromones apaisantes sur un point « stratégique » de son territoire : il s'agit d'une sorte de balisage.

Les endroits balisés sont souvent des angles de murs ou de meubles situés plutôt au centre de la pièce où le chat se trouve. Lorsque le chat se frotte, il est dans un état émotionnel « positif », c'est-à-dire apaisé et joyeux. Il renouvelle alors son balisage. Avant de se frotter, il flaire sa propre odeur laissée auparavant, puis il en « remet une couche ». Bref, il se sent bien chez lui !

Photos B (3-faux) et C (4-faux) :

Le marquage facial sur des êtres vivants est aussi un marquage de familiarisation apaisant. Lorsqu'un chat se frotte contre vos jambes ou sur l'épaule de votre chien, cela signifie : « Toi, je t'aime bien ! ». L'être qui est ainsi « marqué » est accepté par le chat comme un ami, quelqu'un qui apaise, rassure, auprès de qui on se sent bien. Là encore, ce marquage est effectué quand le chat est apaisé et joyeux.

Photo D (5-vrai) :

Dès l'âge de 3 semaines, le chaton effectue ce que l'on appelle l'allogrooming envers ses frères et sa mère. Ce comportement social particulier pourrait ressembler à un toilettage mutuel, mais, en fait, il possède une fonction d'apaisement réciproque pour chacun des deux chats.

L'allogrooming est un comportement fréquent chez d'autres mammifères, comme chez les singes quand ils passent de longs moments à se chercher des poux dans la tête. Chez les chevaux, on l'observe aussi quand ils frottent leur encolure l'un l'autre. Chez les chats, ce comportement est généralement observé chez des chats qui ont grandi ensemble ou dont l'un des deux était chaton lorsqu'il a connu l'autre.

Photo E (6-faux, 7-vrai) :

Le marquage urinaire constitue un marquage d'alarme. Plus exactement, le chat effectue ce marquage pour signifier sa présence, comme s'il tapait du poing sur la table. Lorsqu'un chat est inquiet ou contrarié – notamment parce qu'il se retrouve dans un environnement inconnu –, il peut uriner sur un mur, un meuble ou un canapé, parfois même sur les vêtements d'une personne qui le dérange.

Pendant les périodes de chaleur de la chatte, les mâles peuvent aussi uriner pour déposer une sorte de carte de visite odorante qui pourra être lue par les autres prétendants. Juste avant d'uriner, il se frotte contre le support vertical (voir photo A).

Photo F (8-vrai, 9-faux) :

Quand un chat « fait ses griffes » sur un objet, il dépose des marques olfactives d'alarme. Ce marquage d'alarme est destiné à d'éventuels congénères qui passeraient dans les parages : « Attention, je dors pas loin d'ici, alors ne me dérangez pas sinon je vous raccompagnerai en vous mordant les fesses ! ». Plus un chat est inquiet et angoissé, plus il a tendance à griffer... notamment le papier peint ou le coin du canapé ! Certes, le chat use aussi ses griffes quand il effectue ce type de marquage, mais ce n'est pas la fonction première de ce comportement.

Photo G (10-vrai) :

La vidange des glandes anales constitue le marquage d'alarme par excellence. Les glandes anales, qui sont situées juste à côté de l'anus, se vident lorsque l'animal fait ses besoins, mais aussi lorsqu'il a peur. Ce marquage réflexe existe chez de très nombreux carnivores. L'odeur nauséabonde qui émane de cette sécrétion est perceptible par tous les animaux, quelle que soit l'espèce. Cette fameuse odeur de peur – cela sent la charogne – peut être perçue, par exemple, par un chien qui entre dans une clinique vétérinaire où un chat a eu peur quelques minutes avant. Le chien devient alors plus vigilant et commence à angoisser.

Commentaire

Le rôle des marquages

Les comportements de marquage occupent une place importante dans la vie du chat et sont nombreux. On distingue en effet le marquage facial, le marquage urinaire, les griffades et la vidange des glandes anales. Ils possèdent à la fois une fonction visuelle et une fonction olfactive.

Le comportement étant visible de loin, un congénère pressent donc qu'une marque odorante vient d'être déposée : il s'agit d'une sécrétion phéromonale imperceptible par l'être humain. Il peut alors s'approcher de l'endroit marqué, le flairer et percevoir alors les phéromones qui vont le renseigner sur l'individu qui les a déposées.

Les marquages faciaux

Trois types de marquages faciaux existent. Le comportement de marquage est le même dans les trois cas de figure, mais ils ont trois fonctions différentes :

– Le marquage facial sur des objets : le chat balise son territoire.

– Le marquage facial sur des êtres vivants : le chat manifeste son amitié à l'être auquel il se frotte (humain ou animal). On parle d'allomarquage. L'allogrooming est un comportement proche de l'allomarquage (voir pp. 20-21), sauf que les chats, en plus de se frotter, se lèchent. Parfois la situation semble dégénérer, comme si l'un des deux chats était agacé par ce léchage et mordait pour arrêter cette interaction.

– Le marquage facial sexuel du chat mâle non castré sur un objet ou un meuble juste avant qu'il n'urine dessus.

Au quotidien, un chat adulte effectue plusieurs fois le comportement des marquages faciaux, que ce soit sur des objets ou sur un être vivant. Si ce n'est pas le cas pour votre chat, soit il est resté sans doute très infantile, soit il est anxieux ou dépressif. Pour le savoir, consultez votre vétérinaire ou un vétérinaire comportementaliste.

Les marques d'alarme

Le marquage urinaire, le marquage par griffades et la vidange des glandes anales constituent les trois principaux types de marquages d'alarme chez le chat.

Ils témoignent du stress ressenti par cet animal au moment où il manifeste ce comportement. Si vous constatez que votre petit félin présente souvent ces marquages, parlez-en à votre vétérinaire pour qu'il vous aide à aider votre chat à se détendre.

LE STRESS DU DÉMÉNAGEMENT

Lors d'un déménagement, le chat se retrouve dans un environnement où il n'a aucune marque. Pour s'installer, il doit déposer des marques faciales. Certains chats ont la capacité de le faire rapidement, ils prennent donc vite possession des lieux. D'autres mettent plusieurs heures pour commencer à marquer. D'autres encore, probablement plus anxieux, n'y arrivent pas : cette absence de marque va entretenir leur anxiété et un véritable cercle vicieux s'installe alors. Pour éviter cette situation, voici deux conseils :

– Ne laissez pas votre chat errer dans un grand espace inconnu. En effet, il est plus difficile d'investir un grand espace que de s'installer dans un endroit plus petit. Enfermez-le dans une pièce avec des croquettes, de l'eau et sa litière. Dès qu'il aura marqué dans cette pièce, ouvrez la porte pour qu'il puisse poursuivre son investigation dans les autres pièces. Pour se rassurer ou se ressourcer, il reviendra dans la première pièce qu'il a balisée.

– Utilisez des phéromones faciales apaisantes qui sont disponibles dans le commerce (Feliway®) sous forme de vaporisateur ou de diffuseur.

Vos résultats

Connaissez-vous bien les marquages réalisés par votre chat ?

Faites le total des points obtenus à ce test et reportez-vous au commentaire correspondant.

De 0 à 3 :
Vous ne connaissez pas la signification des comportements de marquage du chat, ce qui est très ennuyeux. En effet, il faut vraiment avoir conscience de leur signification pour bien interpréter ce que veut dire votre chat, donc pour bien communiquer avec lui.

De 4 à 6 :
Vous pouvez mieux faire, mais vous avez une idée assez juste du rôle des marquages. Relisez les commentaires précédents et vous devriez acquérir les notions qui vous manquent.

De 7 à 10 :
Bravo, vous connaissez très bien le langage phéromonal du chat. Cela vous est très utile, car vous pouvez ainsi anticiper les situations stressantes pour votre chat et l'aider au mieux à les surmonter.

Test 10 : les différents types d'agression

Même le plus gentil des chats peut agresser et c'est normal : l'agression est vitale pour un animal, car elle lui permet de se sortir de situations critiques. En effet, menacer, mordre ou griffer permet de repousser un agresseur, donc de rester en vie. Savez-vous bien distinguer les différents types d'agression et les anticiper ? Le test qui suit va vous permettre de le savoir. Sous chaque dessin, indiquez dans le champ libre si les affirmations sont vraies ou fausses.

A = vrai ou faux ?

1. Ce chat est content d'être caressé et il remue la queue pour le montrer. Il a envie qu'on continue à lui faire un câlin.

2. Il faudrait arrêter immédiatement tout contact avec ce chat pour qu'il se détende et évite de mordre.

B = vrai ou faux ?

3. Il aurait fallu le prendre tout de suite par la peau du cou en criant très fort pour lui montrer qui est le chef.

4. C'est une agression par irritation de rupture : elle vise à rompre le contact.

C = vrai ou faux ?

5. Ce chat est à l'affût, il s'apprête à fondre sur sa proie.

6. Ce chat ne veut pas qu'on le touche et il crache pour garder à distance l'individu qui s'approche de lui.

D = vrai ou faux ?

7. En général, un chat qui griffe ne mord pas ensuite.

8. L'irritation, la crainte, la frustration ou la douleur sont les facteurs de l'agression par irritation.

E = vrai ou faux ?

9. Ce chat a peur : il pressent un énorme danger, il est comme un animal sauvage traqué.

F = vrai ou faux ?

10. Les morsures dans ce type d'agression restent légères.

11. Il s'agit d'une agression par peur.

12. Pour éviter l'agression, il aurait fallu crier fort et prendre le chat par la peau du cou.

G = vrai ou faux ?

13. Voici la posture en U inversé : c'est la posture typique de l'agression territoriale chez le chat.

14. Pour éviter que le chat ne passe à l'attaque, il faut partir vite, en courant si possible.

H = vrai ou faux ?

15. Les morsures peuvent être fortes dans ce type d'agression.

16. Plus un chat se sent bien dans son territoire, plus il risque d'agresser de cette façon tout intrus qui y pénètre.

I = vrai ou faux ?

17. Le chat a peur, il se tapit.

18. Un chat en train de jouer peut aussi adopter cette posture.

19. Pour éviter que ce chat ne se précipite sur un mollet pour le mordre, on peut lui lancer un jouet pour le divertir.

J = vrai ou faux ?

20. Les morsures et/ou griffures ne sont pas forcément violentes.

Bonnes réponses

Comptez 1 point par bonne réponse. Additionnez les points obtenus, puis reportez-les en pages 64, 65 et 111.

Dessins A (1-faux, 2-vrai), B (3-faux, 4-vrai), C (5-faux, 6-vrai) et D (7-faux, 8-vrai) :

Les agressions par irritation sont sans doute le type d'agression le plus fréquemment observé chez le chat. Il crache, griffe et mord quand il est irrité pour arrêter le contact avec l'individu qui l'agace – on parle alors d'agression par irritation de rupture (dessins A et B) – ou pour garder à distance celui qui l'agresse – c'est l'agression par irritation de distanciation (dessins C et D) :

– L'agression par irritation de rupture est courante, par exemple chez les chats « caressés-mordeurs » : lorsque le chat en a assez d'être câliné et ne supporte plus les caresses, il rompt brutalement le contact en mordant (voir encadré p. 63).

– L'agression par irritation de distanciation est également fréquente. Elle survient dès que le chat est dans un état de crainte ou d'énervement alors qu'il est encore à distance de l'objet de sa crainte. Le chat donne alors trois coups de patte très rapides, comme des petites claques (les griffes sont rentrées). La personne, le chat ou le chien qui en fait les frais reste tout interdit : il arrête donc son approche, voire s'éloigne. Toutefois, les griffes sont parfois sorties, et les coups de patte s'accompagnent alors de griffures.

En cas d'anxiété, le risque des agressions par irritation augmente fortement. Si votre chat vous agresse, laissez-le partir mais ne le frappez surtout pas, car cela dégraderait fortement vos relations, donc augmenterait encore le risque d'agression dans le futur. Si vous avez l'impression que votre chat est anormalement agressif et que la situation empire, consultez votre vétérinaire pour qu'il vous aide à résoudre le problème.

Dessins E (9-vrai) et F (10-faux, 11-vrai, 12-faux) :

Quand les spécialistes parlent de peur, ils sous-entendent que l'animal se sent acculé : il est dans une situation fermée d'où il ne peut fuir. L'émotion qu'il ressent alors ressemble à de la panique ou de la détresse. La seule solution qu'il entrevoit pour rester en vie est alors l'attaque « totale » : le chat mord le plus fort possible et en hurlant. Les morsures sont alors très graves. En même temps, il peut uriner ou déféquer, ce qui prouve à quel point il a perdu le contrôle de lui-même.

Si votre chat a agressé de cette façon, c'est qu'il a ressenti à ce moment-là une émotion extrêmement intense. Soit la situation était effectivement très angoissante, soit votre chat est très anxieux et il réagit de façon trop intense. Dans ce dernier cas, consultez votre vétérinaire.

En tout cas, ne le punissez pas et ne le frappez surtout pas, car il est déjà dans un tel état de peur que cela ne ferait qu'aggraver son état et donc augmenterait le risque que la situation ne se reproduise.

Dessins G (13-vrai, 14-faux) et H (15-vrai, 16-faux) :

Comme son nom l'indique, l'agression territoriale concerne tout intrus qui pénètre dans le territoire du chat. Évidemment, c'est le chat qui identifie l'individu comme un intrus, mais ce n'est pas forcément le cas. La posture du chat lors d'agression territoriale est caractéristique : adoptant la posture en U inversé, poils du corps et de la queue tout hérissés, le chat se met à marcher de côté, comme un crabe, et crache.

En général, dès que le chat comprend qu'il a eu peur pour rien, il se décontracte, remet d'un coup de langue les poils de son dos et vaque à ses occupations.

En revanche, s'il persiste dans son attitude et que « l'intrus » ne recule pas, cela se termine par une forte attaque : le chat mord assez fort l'intrus à l'arrière-train et le « raccompa-

gne » hors de son territoire en feulant. Ceci explique pourquoi les abcès sont souvent localisés à la base de la queue chez le chat !
Pour éviter que votre chat ne vous agresse quand il adopte cette posture, appelez-le pour qu'il vous reconnaisse et se détende.

Dessins I (17-faux, 18-vrai, 19-vrai) et J (20-vrai) :

L'agression de prédation, si on peut appeler cela une agression (voir p. 62), se compose de deux phases :
– La première phase est souvent invisible pour la « proie », puisque le chat est caché, à l'affût, le but étant de la surprendre.
– Seconde phase : dès qu'elle passe à proximité, le chat bondit et la mord.
S'il s'agit d'une souris ou un oiseau, l'animal ne survit pas longtemps à cette morsure qui est violente. Si la « proie » est le mollet d'une personne qui marche, la morsure peut être forte et laisser des traces.
Attention : il n'est pas normal qu'un chat attrape les mollets de ses maîtres quand ceux-ci marchent dans le couloir. Certes, si on se focalise sur les mouvements des pieds, ils peuvent ressembler aux petits sauts d'un lapin, mais un chat ne doit pas avoir ce genre de comportement envers ses maîtres. Pourquoi cela arrive-t-il alors ? Pour répondre à cette question, il faut distinguer deux situations :
– Dans le premier cas, le chat est effectivement à l'affût, mais il semble qu'il est en fait en train de jouer. En effet, dans le jeu, le chat mime des séquences d'agression, mais leur déroulement est incomplet et le chat contrôle ses griffes et ses dents. Ces séquences de jeu où le chat joue au prédateur sont très fréquentes le soir, moment de la journée où la vigilance des chats est augmentée et où ils sont plus énervés. Cela correspond en effet au moment où, dans la nature, les petits carnivores ou rongeurs nocturnes se réveillent : c'est « l'ouverture de la chasse ». Cette plus grande nervosité peut être augmentée si le chat a faim ou s'il est hyperactif.
– Dans le second cas, le chat mord vraiment et profondément les mollets. Cette situation est pathologique : cela signifie que le chat perd trop souvent le contrôle de lui-même au point qu'il n'analyse pas suffisamment bien la situation. Tout mouvement qui ressemble à la trajectoire d'une proie déclenche chez lui l'agression, et la morsure est alors sans contrôle. Si votre chat réagit de cette façon, il est probablement anxieux ou hyperactif. Il est important de consulter un vétérinaire comportementaliste pour qu'il puisse soigner précisément le trouble, car ce trouble tend à s'aggraver avec le temps.

Voici la posture d'agression territoriale typique.

Commentaire

Trois types d'agression

Chez le chat, on distingue trois types d'agression : l'agression par irritation, l'agression territoriale et l'agression par peur. Les facteurs de déclenchement et le déroulement de ces agressions sont différents, mais le but du chat qui agresse est toujours le même : mettre à distance l'objet qui a déclenché cette agression pour qu'il puisse retrouver son équilibre psychique et émotionnel.

– En cas d'agression par irritation dans un contexte de crainte – par exemple, le chat a peur de l'enfant qui s'approche de lui pour le caresser –, le chat menace pour que l'objet de sa crainte s'éloigne, donc pour lui permettre de s'apaiser.

– Lors d'une agression territoriale, le chat cherche à repousser tout intrus qui perturbe l'équilibre de vie au sein de son territoire, donc son équilibre émotionnel.

– L'agression par peur, qui est très violente, constitue pour le chat, qui ressent un sentiment de panique, la seule possibilité de survie. Il se sent comme en danger de mort.

Chez les chatons, les agressions par irritation, territoriales et de prédation existent partiellement et cela est normal. En effet, quand on les voit jouer ensemble, de petites séquences apparaissent : l'un crache, l'autre marche en crabe, l'autre encore donne un coup de patte... Ce qui est anormal – et cela est le signe d'un défaut de socialisation – c'est lorsqu'un chaton crache systématiquement quand un humain s'approche de lui, voire mord quand on le porte. Si tel est le cas, il convient de réfléchir avant d'adopter un tel chaton ou de consulter assez rapidement un vétérinaire comportementaliste si ces agressions ne régressent pas dans les deux premières semaines de vie à la maison.

Le cas particulier de la prédation

Pour les éthologues, la prédation n'est pas une agression. En effet, ils considèrent qu'un comportement agressif sous-entend qu'il y a communication entre les deux protagonistes. Par exemple, un chat s'approche d'un autre ; ce dernier crache et baisse les oreilles pour lui faire comprendre qu'il ne faut pas qu'il fasse un pas de plus ; le premier poursuit son approche en baissant aussi les oreilles... et c'est le combat. Il y a eu un échange de signaux avec une montée de l'agressivité, puis le combat avec morsures. En ce qui concerne la prédation, le but est qu'il n'y ait pas communication entre le prédateur et sa proie, le prédateur étant évidemment plus efficace s'il attrape sa proie par surprise !

Cette remarque des éthologues est évidemment juste, mais si on se met à la place de la proie, celle-ci est effectivement agressée...

Anxiété et agression

Une des caractéristiques de l'anxiété est l'augmentation du risque d'agression. En effet, un animal anxieux est particulièrement inquiet, il est toujours sur le qui-vive et se sent menacé en permanence, un peu comme s'il était paranoïaque. Il est donc logique qu'un chat anxieux ait tendance à être davantage agressif. Par crainte, il peut cracher pour repousser son « agresseur », qui peut être simplement une personne qui l'approche pour le caresser. Par énervement, il peut mordre la personne qui le caresse (voir encadré p. 63).

Pour diminuer la fréquence des agressions, il convient donc de rendre le chat moins anxieux. De multiples causes peuvent être à l'origine de l'anxiété et c'est en faisant l'analyse et le bilan de toutes ces causes que le vétérinaire comportementaliste peut aider à améliorer l'état émotionnel du chat, donc à diminuer son agressivité.

Le saviez-vous ?

Le manque de nourriture, une souce d'anxiété Si votre chat vous semble anxieux, vérifiez avant toute chose qu'il a des croquettes à volonté jour et nuit. En effet, la faim est un facteur d'anxiété très important chez le chat.

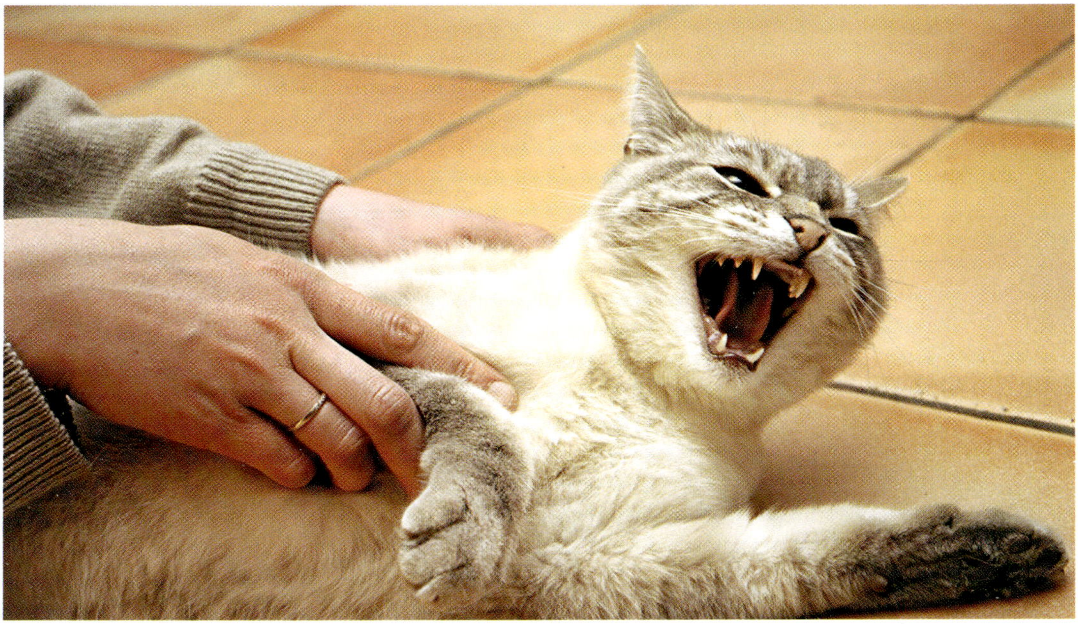

Certains chats sont intolérants au contact. Ils le signalent en crachant, puis en mordant si la personne n'arrête pas à temps de le toucher.

Autoagressions ou automutilations

Certains chats très anxieux agressent leur queue au point de se blesser. Au début, les maîtres pensent que leur chat joue avec sa queue parce qu'il l'attrape souvent avec ses pattes, voire la mordille. Toutefois, cela prend parfois une tournure inquiétante dès lors que le chat montre des signes d'agression : il baisse ses oreilles, crache ou feule en regardant sa queue ; il peut alors la griffer ou même la mordre. On imagine aisément le cauchemar que vit l'animal : sa queue l'agace, il l'agresse donc pour l'éloigner de son champ visuel (agression par irritation de distanciation), mais celle-ci est toujours là et elle remue puisque le chat est contrarié, alors il passe à l'attaque !
Cette situation dégénère évidemment très vite puisque non seulement ses attaques échouent (la queue est toujours là et remue toujours autant) mais, en plus, il ressent de la douleur ! Soigner médicalement l'anxiété que présente le chat permet de sortir rapidement de ce cercle vicieux en apaisant le chat. Un vétérinaire comportementaliste peut efficacement vous aider.

LE SYNDROME DU CHAT CARESSÉ-MORDEUR

Deux conditions sont nécessaires pour qu'un chat apprécie d'être caressé :
– Tout d'abord, il doit être bien socialisé à l'homme, c'est-à-dire avoir été habitué très tôt (avant 2 mois) à être touché et caressé.
– L'autre condition concerne son état réactionnel : le câlin durera d'autant plus longtemps que le chat est apaisé et détendu. Tout ce qui peut le contraindre, le rendre anxieux ou craintif le rendra irritable. Même s'il semble au début prendre du plaisir à être caressé, il peut soudain ne plus tolérer le contact et réagir brutalement pour le faire cesser.
Un conseil : ne forcez pas votre chat quand il montre qu'il ne veut plus être caressé. Arrêtez le contact dès qu'il cesse de ronronner et remue la queue. Laissez-le partir s'il le souhaite. En agissant ainsi, vous lui permettez de prendre confiance et de se détendre davantage quand il est sur vos genoux. À l'inverse, si vous insistez et le contraignez, il se sentira piégé dès que vous mettrez les mains sur son corps et sera plus vite sur ses gardes, donc plus vite agressif.

Vos résultats

Connaissez-vous bien les différents types d'agression ?

Faites le total des points obtenus à ce test et reportez-vous au commentaire correspondant.

De 0 à 5 :

Aïe, vous ne comprenez pas bien les raisons pour lesquelles un chat peut devenir agressif et vous ne savez pas comment bien réagir. Peut-être n'avez-vous jamais rencontré de chat mordeur ou griffeur, ce qui ne vous a pas poussé à réfléchir au sujet... et c'est tant mieux ! Toutefois, il est important que vous lisiez attentivement les commentaires relatifs à ce test, que vous observiez mieux les chats qui vous entourent, le vôtre en l'occurrence, et que vous refassiez le test dans quelques jours, car vous serez peut-être un jour confronté à ce type de situation. Toutes ces notions vous aideront à mieux comprendre les émotions exprimées par votre chat et à mieux communiquer avec lui.

De 6 à 11 :

Dans l'ensemble, vous appréhendez assez bien comment et pourquoi un chat peut être agressif, mais il convient d'améliorer encore vos connaissances pour vivre encore mieux avec le vôtre. N'hésitez pas à faire preuve d'empathie, c'est-à-dire à essayer de vous mettre à la place de votre animal pour imaginer dans quel monde il vit, ce qu'il peut ressentir et donc pourquoi il réagit ainsi.

De 12 à 17 :

Félicitations ! Vous comprenez bien pourquoi un chat peut griffer ou mordre, et ce qu'il faut faire pour calmer la situation. Soit vous connaissez les chats depuis longtemps et toutes les réponses vous ont paru évidentes, soit vous êtes très sensible, et l'empathie qui vous caractérise vous permet de bien comprendre les animaux en général et donc votre chat en particulier.

Ce chat observe probablement une proie. Il va bientôt se mettre à l'affût pour bondir ensuite sur elle.

Vos résultats : comprenez-vous bien votre chat ?

Si vous avez réalisé tous les tests de ce chapitre, additionnez tous les points obtenus pour découvrir si vous savez bien interpréter les signaux émis par votre chat...

De 0 à 32 points :

Il semble que vous n'ayez jamais vécu avec un chat auparavant. Les signaux de communication qu'il émet ne vous « parlent » pas. Si vous possédez un chat ou si vous désirez en adopter un, il faut vraiment que vous vous documentiez pour comprendre comment un chat fonctionne. Sinon, vous risquez de vous tromper sur la signification de ses intentions, de mal le comprendre et donc de le rendre malheureux. Je vous conseille de réaliser de nouveau les tests après en avoir lu les commentaires pour passer ensuite aux tests suivants.

De 32 à 63 points :

Résultat moyen : vous pouvez mieux faire ! Il est important de mieux comprendre pourquoi votre chat adopte telle ou telle posture. En effet, vos relations seront encore plus harmonieuses si vous le comprenez davantage. Essayez de vous mettre à sa place et de ressentir ses émotions... Il est probable que vous comprendrez plus justement votre compagnon.

De 64 à 96 points :

C'est bien ! Vous connaissez bien votre chat et vous comprenez bien ce qu'il ressent. Vous pouvez passer aux tests suivants, vous devriez obtenir de bons résultats !

CHAPITRE 3

Répondre avec justesse à ses demandes

En vivant avec l'homme, le chat a développé des compétences de communication particulières qui lui permettent de lui demander ce qu'il désire : nourriture, câlins, jeux, sortir dans le jardin ou entrer dans une pièce... Il est certain que ce n'est pas parce que votre chat réclame quelque chose qu'il faut céder à tous ses « caprices ». Cependant, les conséquences pour le maître de répondre toujours « oui » à son chat quand il demande quelque chose ne sont pas les mêmes que chez le chien. En effet, un chien qui obtient ce qu'il veut de son maître pourrait ressentir cela comme une prise de pouvoir, alors que pour le chat, il ne s'agit vraisemblablement que de nombreux rituels mis bout à bout, sans que cela n'induise pour lui une perception de prise de pouvoir ou de dominance.

En effet, il n'existe pas de hiérarchie chez le chat ; en tout cas, il ne s'agit pas du même genre de hiérarchie que chez le chien. Les relations sociales ne semblent pas aussi structurées dans un groupe de chats qui cohabitent sur un même territoire que dans une meute de chiens où règne un dominant. Toutefois, de nombreux rituels peuvent se mettre en place, des sortes d'habitudes qui ne concernent que certains chats. Par exemple, un chat emprunte un chemin, toujours le même, qui croise parfois celui d'un autre. Certains dorment ensemble, d'autres ne peuvent pas se croiser sans se cracher dessus. Ils ont chacun des lieux de couchage, des postes d'observation ou des aires de jeu spécifiques qu'ils partagent parfois avec un autre chat.

Ainsi, de nombreux rituels s'instaurent entre le chat et son maître autour du jeu, des câlins, de la nourriture... qui constituent les éléments essentiels de la communication entre eux. Et il est très agréable de pouvoir communiquer avec son chat, de comprendre ce qu'il demande et de lui faire plaisir, mais, parfois, ses demandes ne doivent pas être satisfaites parce qu'elles ne servent pas l'intérêt du chat ou la qualité de ses relations avec son maître.

Les tests suivants doivent donc vous permettre de savoir si vous évaluez avec justesse les besoins de votre chat.

Test 11 : la communication par le jeu

Grâce à ce test, vous allez découvrir si vous évaluez de manière juste les demandes et les besoins de votre chat lors d'une séance de jeu. Sous chaque photo, indiquez dans le champ libre si les affirmations sont vraies ou fausses.

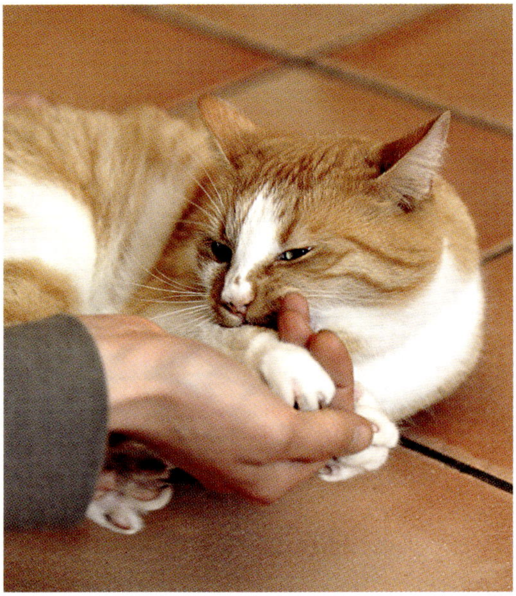

A = vrai ou faux ?

1. Il faut éviter de jouer avec les mains, car il est parfois difficile pour un chat de contrôler ses griffes et ses dents lors d'une séance de jeu.

2. Normalement, un chat ne devient pas agressif lorsqu'il joue, même si vous jouez avec les mains.

B = vrai ou faux ?

3. Un chat adulte qui court après une boule de papier qu'on vient de lui jeter et la rapporte dans sa gueule, comme le ferait un chien, peut souffrir d'un déficit de maternage.

4. Il est possible d'entraîner son chat à rapporter ses jouets, comme peut le faire un chien.

C = vrai ou faux ?

5. Évitez de laisser des jeux à disposition de votre chat, car cela l'excite et risque de le rendre nerveux.

D = vrai ou faux ?

6. Lorsqu'un chat vit en appartement, il faut le faire jouer au moins 1 heure chaque jour pour qu'il dorme bien.

Bonnes réponses

Comptez 1 point par bonne réponse. Additionnez les points obtenus, puis reportez-les en pages 83 et 111.

Photo A (1-vrai, 2-vrai) :

Normalement, le jeu est une activité plaisante, donc accompagnée d'une émotion positive : un chat qui joue est détendu et gai. Ainsi, un chat qui souffre de dépression ne joue plus : il est triste, il ne ressent plus de plaisir, il n'est motivé par rien.

Certains chats deviennent agressifs lorsqu'ils jouent. Deux causes peuvent expliquer cette dérive agressive :

– La première explication réside dans la façon dont la personne joue avec le chat : si elle le provoque trop physiquement, en le faisant rouler sur le dos comme on pourrait le faire avec un chien, le chat peut se sentir agressé physiquement. Les chats ne sont pas de grands chahuteurs, ils perdent alors facilement le contrôle dans ce cas de figure, car ils prennent ce type d'interaction au sérieux.

– La seconde raison est que le chat ne se contrôle pas bien lui-même d'une manière générale. Un chat qui a été mal materné, parce que séparé de sa mère avant l'âge de 2 mois, souffre du syndrome hypersensibilité-hyperactivité : il se contrôle mal sur le plan émotionnel et physique. Un chat hyperactif joue plus que de raison (voir p. 71) et le jeu peut dégénérer : il peut s'énerver facilement, sortir ses griffes, mordiller, voire devenir agressif même si son maître joue délicatement en faisant traîner une ficelle devant lui.

Photo B (3-vrai, 4-faux) :

Certains chatons jouent d'une façon assez particulière : ils rapportent les objets dans leur gueule comme s'il s'agissait de petites proies. Au premier abord, ce comportement fait penser au chien qui court après une balle et la rapporte à son maître, mais l'origine de ce jeu est différente chez le chat. Alors que certains chatons rapportent le jouet à leur maître de façon quasi instinctive, sans avoir appris, il faut apprendre au chien à rapporter le jouet : un chien qui n'a pas été éduqué à le faire pendant les premiers mois de sa vie ne saura pas le faire ensuite.

Normalement, ce type de jeu disparaît lorsque le chaton grandit, sauf chez les chats qui sont restés très infantiles, comme les chats sevrés trop tôt. En effet, ces chats adoptent des comportements de petits chiens : ils suivent leur maître partout (comme le chaton avec sa mère), ils sont très collants (mais pas forcément câlins), ils jouent beaucoup et longtemps, parfois en rapportant la balle. Un chat qui souffre d'hyperactivité est généralement drôle et attachant, mais il développe souvent de l'anxiété avec son cortège de manifestations désagréables (agressivité, malpropreté, peurs, griffades, alopécie extensive). Dans ce cas, il vaut mieux consulter un vétérinaire comportementaliste au plus tôt pour qu'il l'aide à réguler son comportement et à être moins anxieux.

Photo C (xnɐɟ-S) :

Comme on l'a vu précédemment (voir pp. 10-12), le chat est un prédateur doté d'une vision particulière : il est plutôt myope et daltonien, mais il est extrêmement sensible aux mouvements. Un brin d'herbe qui bouge, une mouche sur la vitre ou une poussière soulevée par un courant d'air et votre chat tourne la tête et analyse s'il y a lieu de bouger. Il est plus vigilant à certains moments de la journée, donc plus enclin à courir vers une feuille qui bouge, un oiseau qui vient de se poser sur la branche... Dans ces moments-là, il est prêt à poursuivre, donc aussi à jouer avec tout objet léger qui bouge un peu comme le ferait une queue de souris, une plume, une ficelle que l'on laisse traîner, une boule de papier d'aluminium et tout objet qui mime les petits mouvements saccadés d'une éventuelle proie. Les spécialistes estiment que c'est probablement la domestication qui a permis au chat de maintenir cette propension assez infantile de jouer : les chats sauvages adultes vivant à l'état naturel ne joueraient pas autant, voire pas du tout. Ils ont d'autres préoccupations en tête, comme se nourrir.

Photo D (xnɐɟ-9) :

Les chats hyperactifs jouent longtemps au point de ne pas ressentir la fatigue. Quand ils s'arrêtent enfin, parfois après 1 heure ininterrompue de course, ce n'est pas par lassitude, mais par épuisement. Ils sont alors hors d'haleine et ils tirent la langue comme un petit chien pour reprendre leur souffle. Ces chats sont capables alors de se coucher sur le flanc et de s'endormir d'un bloc comme le font les chatons après une partie de jeu.

Attention, si votre chat halète alors qu'il ne montre pas de signes d'hyperactivité, il souffre peut-être d'une maladie qui le rend anormalement fatigable (affection respiratoire ou cardiaque...). Dans ce cas, il est souhaitable qu'il soit examiné par un vétérinaire.

Commentaire

Le jeu est un plaisir

Jouer est certes une activité plaisante qui permet de diminuer les tensions émotionnelles, mais il faut pour cela que le chat soit d'accord. En effet, on ne peut pas forcer un animal à jouer, on ne peut que lui proposer un jeu, le solliciter en remuant un bout de ficelle. Si on insiste, l'animal ressentira une contrainte, se repliera sur lui-même et pourra agresser si la contrainte persiste. Ainsi, proposer de jouer à un animal nécessite de respecter ses besoins et ses envies.

En revanche, si votre chat vous sollicite alors que vous n'avez pas envie de jouer, lancez-lui un jouet au loin pour qu'il joue tout seul. À l'inverse du chien, il est rare qu'un chat adulte insiste pour jouer. Si c'est le cas, c'est qu'il est probablement hyperactif et a du mal à se contrôler et à s'arrêter.

De la même façon, si votre chat n'arrive pas à s'arrêter de jouer et s'il s'excite au point de sauter partout et de tomber tant il semble perdre le contrôle, il souffre probablement d'un manque d'autocontrôle, comme c'est le cas dans le syndrome d'hypersensibilité-hyperactivité.

Enfin, un chat dort la nuit : il n'est donc pas normal que vous entendiez le vôtre jouer pendant la nuit.

Chez le chaton, le jeu est un entraînement

Il est très amusant de regarder des chatons jouer : certains jouent avec n'importe quoi, par exemple la queue de leur mère ou d'un de leurs frères, une poussière..., comme s'il s'agissait des petites proies rapportées par leur mère au nid, ces petites souris avec lesquelles ils jouent ensemble... En effet, pour un chaton, tout est stimulant et amusant.

Parfois, les petits chats se poursuivent l'un l'autre, cette course pouvant dégénérer en bagarre. Soit l'un des chatons adopte une posture en U inversé, comme dans l'agression territoriale, et sautille sur place en crabe, en crachant sur son congénère pour le faire reculer (voir p. 60), soit ils s'empoignent et font des roulés-boulés, jusqu'à ce que l'un des deux s'enfuie pour se réfugier auprès de sa mère ou que celle-ci intervienne pour arrêter le combat.

Les jeux entre chatons constituent des sortes d'entraînements à la prédation, au combat. La mère, qui surveille ces jeux, doit intervenir pour contrôler un chaton trop brutal ou pour apaiser un chaton en détresse : c'est le maternage, étape indispensable au bon développement psychique des petits.

Le jeu, une technique de thérapie comportementale

Le jeu est couramment utilisé pour aider l'animal à guérir de trois troubles du comportement : le syndrome d'hypersensibilité-hyperactivité (ou Hs-Ha), l'anxiété et la dépression.

– En cas de syndrome d'hypersensibilité-hyperactivité, le chat ne sait pas bien se contrôler dans le jeu : il s'excite très vite ou devient agressif. Le but de la thérapie par le jeu contrôlé est d'aider le chat à se contrôler émotionnellement et physiquement alors qu'il ressent une forte motivation.

– Un animal anxieux est contrarié pour un rien, il est inquiet et tout semble l'agresser. D'une manière générale, le chat anxieux exprime son mal-être par de l'agressivité, de la malpropreté ou de la peur. Le solliciter plus souvent pour jouer, même si le jeu ne dure pas longtemps, permet de lui apprendre à se détendre.

– De la même façon, en cas de dépression, et ce quelle que soit son origine, le chat est dans un état critique : il ne s'intéresse plus à rien, il ne ressent plus de plaisir, il est triste et anxieux. Le solliciter souvent pour jouer, en faisant bouger devant lui une plume ou un ruban, peut permettre de le « réveiller » et de lui redonner progressivement l'envie de s'intéresser. Dans les cas graves, l'utilisation d'un antidépresseur est nécessaire pour accompagner sa guérison.

LA THÉRAPIE PAR LE JEU CONTRÔLÉ LORS D'HYPERACTIVITÉ

Cette thérapie consiste à solliciter le chat pour lui proposer de jouer à distance, par exemple avec une ficelle au bout d'une petite baguette, afin d'éviter de se faire blesser les mains au cas où il deviendrait agressif et mordrait. Dès qu'il s'énerve (pupilles dilatées, poil hérissé, oreilles baissées...), la personne pose le jouet au sol doucement, sans rien dire. Le jouet ne bougeant plus, le jeu devient moins excitant, et l'excitation du chat disparaît alors. Le chat hyperactif apprend ainsi qu'il « casse » son jouet s'il perd le contrôle de lui-même. Progressivement, il apprend à mieux se contenir pour que le jeu, et donc le plaisir, dure plus longtemps. Dans certains cas, une médication accompagne cette thérapie pendant quelques mois pour que cette « rééducation » soit efficace.

Test 12 : la communication par la nourriture

Ce test va vous permettre de savoir si vous comprenez bien les demandes et les besoins de votre chat en ce qui concerne son alimentation. Sous chaque photo, indiquez dans le champ libre si les affirmations sont vraies ou fausses.

A = vrai ou faux ?

1. Un chat adulte doit manger au maximum 3 repas par jour.
2. Il est possible de laisser de la nourriture à disposition toute la journée à son chat, car il a la possibilité de se réguler : il ne mangera que ce dont il a besoin.
3. Pour rendre un chat moins anxieux, la première chose à faire est de lui laisser des croquettes à disposition toute la journée.

B = vrai ou faux ?

4. Le lait de vache provoque toujours de la diarrhée chez le chat.
5. Il est déconseillé de donner du lait à un chat qui souffre de troubles urinaires.
6. Le lait et les produits laitiers constituent une friandise qui permet d'hydrater son chat et de lui apporter de bonnes protéines.

C = vrai ou faux ?

7. Il faut se lever la nuit pour donner à manger à son chat s'il le demande.

8. Il est déconseillé de donner à la fois des croquettes et des boîtes à son chat.

D = vrai ou faux ?

9. L'anxiété peut faire grossir un chat.

10. Pour faire maigrir un chat en surcroît pondéral, il vaut mieux lui laisser des croquettes de régime à volonté plutôt que de restreindre sa quantité de croquettes.

Bonnes réponses

Comptez 1 point par bonne réponse. Additionnez les points obtenus, puis reportez-les en pages 83 et 111.

Photo A (1-faux, 2-vrai, 3-vrai) :

Le chat effectue spontanément 15 à 20 petits repas par jour : il grignote et c'est un comportement normal.

S'il vit dans un appartement ou s'il ne peut pas avoir accès à un jardin où il pourrait chasser, il est essentiel qu'il puisse trouver quand il le souhaite de l'alimentation comestible. Cela signifie que la nourriture disponible ne doit pas s'altérer à l'air : il faut donc utiliser de l'alimentation sèche. Les croquettes constituent évidemment le moyen idéal de nourrir correctement son chat s'il vit en appartement. Cela ne signifie pas qu'il est impossible de donner un autre type d'alimentation à son chat, mais des croquettes laissées à sa disposition en permanence lui permettent de grignoter à tout moment.

Certes, il arrive que des chats reçoivent seulement 2 repas par jour et ils le supportent, mais le risque de créer un stress, aussi bien pour l'organisme que pour le psychisme, est important. Mettons-nous à la place du chat : celui-ci a besoin de faire 15 repas par jour et nous 3 ; s'il ne reçoit que deux fois de la nourriture, c'est comme si nous sautions 2 repas...

Les diététiciens – en médecine humaine – sont tous d'accord : pour maigrir, il faut éviter de sauter un repas, car cela stresse l'organisme qui, au repas suivant, s'attachera à faire des réserves de gras au lieu d'utiliser pour les muscles l'énergie apportée par l'alimentation. C'est pareil pour le chat. S'il ne peut manger que deux ou trois fois par jour, il a trois bonnes raisons de grossir :

– Tout d'abord, son organisme fait des réserves de gras.

– Ensuite, le stress psychique entraîne des dérèglements hormonaux (cortisol...) qui induisent une augmentation de l'appétit.

– Enfin, le chat affamé se jette sur la nourriture qu'il ingère très rapidement, ce qui fait dire à son maître qu'il est boulimique et que s'il ne rationnait pas leur chat, celui-ci serait encore plus gros. Bref, il s'agit d'un véritable cercle vicieux.

Photo B (4-faux, 5-faux, 6-vrai) :

Donner du lait à son chat permet de l'hydrater. Certains chats ne supportent pas le lait (environ 20 % des chats) : ils présentent de la diarrhée dès qu'ils en boivent.

À l'inverse, d'autres le supportent très bien. Pour ces derniers, le lait constitue un aliment intéressant, car il a des qualités nutritives et surtout parce que donner du lait à son chat peut constituer une façon facile et intéressante de l'hydrater tout en lui faisant plaisir. Il est important de penser à hydrater son chat lorsqu'il est nourri exclusivement avec des croquettes. En effet, les spécialistes ont montré qu'une alimentation humide contribue à diminuer les risques de troubles urinaires, en diluant les urines.

Photo C (7-faux, 8-faux) :

Il est possible de nourrir son chat en variant son alimentation, plus précisément en lui donnant des croquettes et, en plus, de l'alimentation humide (pâtée). La plupart du temps, à l'ouverture de la boîte, le chat arrive en miaulant, comme s'il s'agissait d'une friandise.

Toutefois, il faut éviter deux écueils :

– Le premier risque est l'installation d'un rituel gênant. En effet, les chats ritualisent très vite et le rituel est d'autant plus tenace qu'une forte émotion y est attachée.

Dans le cas de la nourriture, et surtout si celle-ci l'attire beaucoup, le chat se tiendra prêt et se précipitera vers sa gamelle dès qu'elle sera servie. Si vous lui donnez à manger 2 jours de suite au même moment de la journée, il anticipera le troisième jour et vous réclamera impérieusement la friandise à l'heure dite.

Et cela peut devenir très gênant : imaginez que votre chat, qui n'a pas de croquettes à disposition, miaule subitement à 5 heures du matin parce qu'il a faim : si vous vous levez pour lui donner à manger, il miaulera de nouveau le lendemain matin pour obtenir de la nourriture et vous aurez tendance à lui redonner à manger pour le calmer et pouvoir vous rendormir. Le comportement de demande à 5 heures du matin de votre chat est renforcé par la récompense : si vous ne laissez pas de croquettes à disposition la nuit et si vous ne cessez pas de vous lever la nuit pour le nourrir, il n'y a pas de raison que ce comportement cesse un jour.

– Le second écueil concerne une éventuelle prise de poids si on change souvent de parfum et si on donne de la nourriture en trop grande quantité.

Voici une astuce : si vous voulez faire plaisir à votre chat en lui proposant de la nourriture variée, considérez que vous lui donnez des friandises, donc donnez-lui cette nourriture en petites quantités !

Photo D (9-vrai, 10-vrai) :

Le surcroît pondéral touche de nombreuses espèces animales, dont l'homme. Chez le chat, plusieurs facteurs favorisent le surcroît pondéral : mauvaise distribution de la nourriture, anxiété... (voir pp. 91-94). La consigne à suivre en premier lieu est de donner à volonté des croquettes de régime.

Commentaire

Les préférences alimentaires du chat

Le chat est un carnivore et un prédateur. Il a besoin d'absorber une grande quantité de protéines pour être en bonne santé, plus que l'homme et même plus que le chien. La nourriture carnée lui apporte donc des acides aminés indispensables pour son organisme, comme la taurine et la carnitine. Le chat est donc naturellement attiré par la viande, le poisson, les crevettes, mais également par les œufs et les produits issus du lait.
Toutefois, il est amusant de constater que les chats ne sont pas tous attirés par les mêmes sources de protéines. Certains le sont particulièrement par la viande de bœuf crue, d'autres par du jambon, du poisson ou des crustacés. D'autres adorent les haricots verts crus ou les avocats. Est-ce vraiment une histoire de goût ou trouvent-ils dans ces aliments particuliers la source de nutriments dont ils ont vraiment besoin, par exemple des fibres pour le transit intestinal, des acides gras essentiels pour le système nerveux, la peau, le métabolisme en général... ?
En fait, les préférences alimentaires des chats proviennent en partie de ce que leur mère a mangé pendant la gestation et surtout durant la période d'allaitement. En effet, les petites molécules aromatiques qui proviennent de l'alimentation se retrouvent dans le sang de la mère, donc dans le sang du fœtus. Ces molécules passent aussi dans le lait maternel que les chatons tètent. Le développement du goût du chaton est donc influencé par ces arômes, ce qui explique en partie ses préférences alimentaires. Ainsi, il est probable qu'un chaton dont la mère ne mange que des croquettes ne cherche ensuite à manger que des croquettes. Inversement, si une chatte n'est nourrie qu'avec de l'alimentation humide, ses petits seront probablement surtout attirés par les pâtées.

Le saviez-vous ?

Pensez à hydrater votre chat Le chat est à l'origine un animal désertique qui concentre beaucoup ses urines pour économiser l'eau. Il produit des cristaux urinaires en plus ou moins grande quantité, comme les autres félins.
S'il ne boit pas assez, ses urines sont plus concentrées, donc les cristaux s'accumulent. Ceux-ci risquent de s'agglomérer et former du sable ou des calculs (petits cailloux) qui irritent la paroi de la vessie et provoquent une douleur (cystite). Ils peuvent surtout boucher l'urètre, ce qui est très grave. En effet, si le chat ne peut évacuer ses urines parce qu'un calcul bloque le passage, les reins cessent de fonctionner et s'abîment définitivement. Par la suite, le chat sera plus enclin à souffrir d'insuffisance rénale.

La nourriture, un élément de thérapie comportementale

En présence d'un chat anxieux, la première mesure à prendre est de lui laisser des croquettes à disposition tout le temps. En effet, ingérer de la nourriture permet à l'animal de diminuer tout de suite sa tension émotionnelle. La faim, au contraire, stresse l'organisme. Pour apaiser ponctuellement votre chat, donnez-lui un peu à manger ou remuez ses croquettes pour l'attirer. Il apprendra ainsi à grignoter lorsqu'il ressentira de l'angoisse, et ce sera une meilleure stratégie que d'uriner sur le canapé, d'agresser ou de se lécher frénétiquement le bas du ventre.
En cas de dépression, stimuler le chat avec ses friandises préférées permet de l'aider à reprendre goût à la vie. Toutefois, dans certains cas, surtout lorsque le chat ne mange plus, une médication est indispensable. En effet, le chat ne supporte pas un jeûne de plus de 48 heures : cela peut provoquer un trouble hépatique sévère, la lipidose hépatique, qui peut lui être fatal. Il faut alors lui proposer toute sorte d'aliments pour l'inciter à remanger (crevette, thon, lait ou produit laitier s'il le supporte, jambon...).

Test 13 : la communication par les câlins

Lors des séances de câlins, votre chat vous fait parvenir des messages. Réalisez ce test pour découvrir si vous savez bien les interpréter et anticiper ses réactions. Sous chaque photo, indiquez dans le champ libre si les affirmations sont vraies ou fausses.

A = vrai ou faux ?

1. Pour rendre un chat plus câlin, il faut le prendre souvent dans les bras, quitte à le forcer un peu.

2. Quand on a un chat peu câlin, il ne faut pas le contraindre : il faut au contraire attendre patiemment qu'il vienne, l'apprivoiser en quelque sorte.

B = vrai ou faux ?

3. En général, les chats n'aiment pas qu'on les caresse sur le ventre, qui est une zone sensible chez eux.

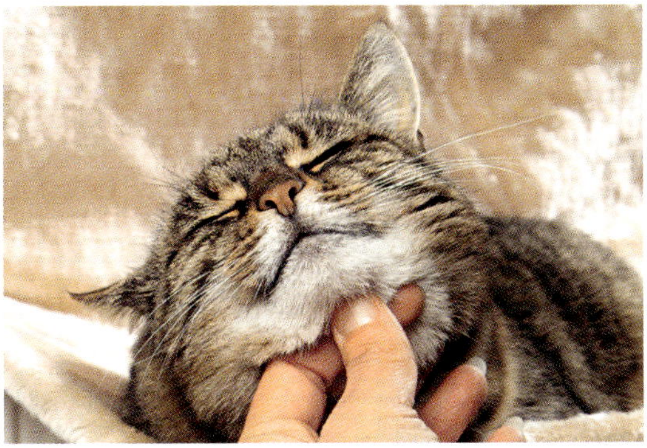

C = vrai ou faux ?

4. Les chats n'aiment généralement pas qu'on les caresse sous le menton, qui est une zone sensible pour eux.

D = vrai ou faux ?

5. Un chaton sauvage, dont la mère a peur des humains et qui n'a pas été caressé avant l'âge de 2 mois, peut toutefois devenir très câlin.

6. Une des raisons expliquant qu'un chat est peu câlin est un sevrage trop précoce, c'est-à-dire un chaton séparé de sa mère avant l'âge de 2 mois.

Bonnes réponses

Comptez 1 point par bonne réponse. Additionnez les points obtenus, puis reportez-les en pages 83 et 111.

Photo A (1-faux, 2-vrai) :

Faire un câlin à son chat constitue un plaisir qui doit être partagé. Pour le chat, recevoir des caresses, c'est s'abandonner, se détendre et prendre du plaisir. L'échange affectif qui a lieu autour d'un câlin suppose de l'affection et surtout le respect de l'autre et de ses envies. Autant le chien peut supporter des caresses qu'il ne désire pas – par soumission sans doute –, autant le chat, qui ne connaît pas vraiment la soumission, préfère fuir. S'il en est empêché, il peut réagir agressivement pour se libérer de la contrainte (voir pp. 57-64). Pour éviter d'en arriver là, il vaut mieux respecter son chat, lui proposer câlins ou caresses, et le laisser partir s'il n'en a pas envie.

Photo B (3-vrai) :

Le ventre est une zone sensible chez le chat. Il est rare qu'un chat supporte longtemps de se faire caresser sur le ventre, probablement parce que c'est la partie la plus vulnérable de son corps. Rappelez-vous qu'un chat qui se couche sur le flanc ne se soumet pas comme c'est le cas chez le chien. Si votre chat se détend et étire ses pattes en ronronnant, vous pouvez le caresser sans trop insister sur les flancs et le ventre. Si, en réaction à vos caresses sur son ventre, votre chat arrête de ronronner, se met en position voûtée et que ses pupilles sont dilatées et les oreilles abaissées, cela signifie qu'il s'apprête à mordre si vous ne cessez pas votre approche (voir p. 60).

Photo C (4-faux) :

Une des façons de caresser un chat inconnu sans risquer de le rendre agressif est de passer vos doigts sur ses moustaches, voire sous son menton. Cette région correspond en effet à la zone que le chat frotte quand il effectue un marquage facial. Il est rare que le chat se sente alors contraint et que ce contact génère de la crainte. J'utilise même cette astuce pour attirer un chat que je souhaite caresser : je frotte mon pouce contre mon index, ce qui provoque un bruit de frottement ; le chat est généralement attiré, il s'approche par curiosité pour flairer, cela lui permet alors de se frotter s'il en a envie ou cela me permet de le caresser sur les moustaches pour initier le contact.

Photo D (5-faux, 6-vrai) :

La tolérance au contact, c'est-à-dire l'aptitude d'un chat à recevoir les caresses d'un humain, provient en très grande partie des conditions dans lesquelles il s'est développé les deux premiers mois de sa vie. La génétique doit jouer un rôle mais certainement infime. Un chaton qui n'a pas été caressé durant les deux premiers mois de sa vie, qui n'a donc pas été bien socialisé à l'être humain, ne sera malheureusement jamais très câlin.

Commentaire

Un bon maternage, le gage d'une bonne socialisation

Si la période de maternage se déroule bien, les chatons seront équilibrés, propres, joueurs mais pas trop excités, contrôlant leurs dents et leurs griffes, câlins et agréables. Pour cela, plusieurs conditions doivent être réunies :

– La mère doit être en bonne santé et présenter un bon comportement.

– La portée ne doit être pas trop nombreuse (pas plus de 5 chatons pour une chatte).

– Tout ce petit monde doit s'ébattre dans un espace suffisamment grand pour que la mère puisse garder la forme et se reposer quand elle en a envie, pour que les petits puissent explorer suffisamment et pour que la zone de déjection soit suffisamment éloignée de l'aire de nourriture (voir pp. 86-90).

– Les chatons doivent être stimulés, mais pas trop, et ce en présence de la mère : ils doivent avoir des jouets variés à disposition et être caressés gentiment et régulièrement.

– Les petits doivent rester près de leur mère dans ces conditions jusqu'à au moins l'âge de 2 mois.

Les chats et les enfants

Il est étonnant d'observer comment certains chats se laissent manipuler, porter et même habiller comme des poupées par des enfants. Il est établi qu'un chien bien équilibré est beaucoup plus indulgent avec un enfant qu'avec un adulte, mais plusieurs exemples au cours de mes rencontres félines m'ont confirmé que le chat aussi pressent que les enfants sont plus fragiles et vulnérables et qu'il convient d'être plus indulgent avec eux.

Le saviez-vous ?

L'hyperattachement n'est pas forcément synonyme de câlin... Il m'arrive souvent de soigner des chats anxieux qui présentent un fort hyperattachement envers leur maître, mais qui ne sont pourtant pas câlins.

Ce paradoxe s'explique assez bien quand on comprend qu'il n'y a qu'une seule origine à l'hyperattachement et au refus de câlin : l'anxiété. Les cas dont je vous parle concernent essentiellement des animaux qui ont été mal ou pas assez maternés. Ils présentent depuis leur adoption une hypersensibilité souvent associée à un déficit des autocontrôles : ils sont plus impulsifs, excitables, voire brusques. Très vite, leur comportement est dominé souvent par une hypervigilance (ils sont vite inquiets) et un hyperattachement à une personne ou à un animal qu'ils suivent partout. En résumé, ils sont apaisés par la présence de l'individu auquel ils sont hyperattachés, mais paradoxalement trop tendus pour supporter un câlin qui, s'il se prolonge, est perçu alors comme une contrainte physique.

La diminution de cette anxiété à l'aide de thérapies comportementales, associées parfois à la prise de produits anxiolytiques, conduit vite à une diminution de l'hyperattachement et parallèlement à une meilleure tolérance au contact : le chat devient plus câlin.

Test 14 : aider son chat à bien vivre sur son territoire

Grâce à ce test, vous allez découvrir si vous aidez correctement votre chat à vivre sur son territoire ou si vous commettez des erreurs. Sous chaque photo, indiquez dans le champ libre si les affirmations sont vraies ou fausses.

A = vrai ou faux ?

1. Un chat a besoin de marcher au moins 1 heure par jour.

2. Quand un chat suit une personne inconnue dans la rue sur plusieurs dizaines de mètres, cela signifie qu'il est probablement perdu.

B = vrai ou faux ?

3. Il est conseillé d'emmener son chat en promenade dans les bois : ainsi, il prend l'air et sera d'autant plus calme de retour dans l'appartement.

4. Emmener son chat en week-end chez des amis à la campagne constitue souvent un stress pour le chat.

C = vrai ou faux ?

5. Un chat équilibré et bien installé dans son territoire ne ressent pas le besoin de sortir.
6. Ce chat s'ennuie.

D = vrai ou faux ?

7. Il est recommandé d'installer un poste d'observation près d'une fenêtre pour votre chat.

Bonnes réponses

Comptez 1 point par bonne réponse. Additionnez les points obtenus, puis reportez-les en pages 83 et 111.

Photo A (1-faux, 2-vrai) :

En général, un chat ne suit pas une personne dans la rue ou dans la campagne comme le ferait un chien, sauf s'il considère que cette rue ou ce chemin est inclus dans son territoire. En effet, rappelez-vous que le chat est un animal territorial plus que social, c'est-à-dire qu'il s'apaise plus facilement en présence d'étrangers quand il est dans son territoire, là où il a déposé ses marques faciales, qu'en présence de son maître dans un espace inconnu, là où il n'a aucune marque. Bref, il est d'abord apaisé par son territoire en premier, et ensuite par son ou ses maîtres.

Si, un jour, un chat que vous ne connaissez pas se met à vous suivre dans la rue sur plusieurs dizaines de mètres, ce serait, à mon avis, pour trois principales raisons :

– Il est hors de son territoire et son maître n'est pas là. Il est perdu, donc prêt à s'attacher à tout individu – d'une espèce à laquelle il est socialisé – qui passe à proximité. Il sera d'autant plus motivé s'il a faim, espérant de la personne un don de nourriture.

– Ce chat a l'habitude de se promener dans ce quartier ou dans ce coin de campagne parce qu'il appartient à son territoire. Il est socialisé à l'homme et il vous suit pour recevoir une caresse. Il vous quittera au moment où vous sortirez de son territoire.

– Cet animal n'a pas un comportement structuré : il se conduit comme un chaton qui n'a pas de territoire et qui est aussi social qu'un chien. C'est souvent le cas des chats qui ont mal été maternés.

Photo B (3-faux, 4-vrai) :

Ce n'est pas une bonne idée de promener son chat dans un vaste territoire inconnu (forêt, parc...). Essayez de vous mettre à sa place : il est adulte, il a donc besoin, pour s'apaiser, de vivre dans un territoire qu'il a marqué au préalable. Le placer dans un territoire inconnu est aussi stressant qu'un déménagement : il doit refaire ses marques, prendre de nouvelles habitudes et cela demande beaucoup d'énergie et de ressources. Certes, toutes les stimulations visuelles, olfactives et sonores de la forêt pourraient faire penser que le chat ainsi promené retrouve un coin de nature, mais pensez au stress qu'il subit...
De la même façon, évitez de l'emmener pour une ou deux journées chez des amis. Il est certain qu'en restant à la maison, avec ses meubles et ses odeurs, il angoissera moins que dans un endroit inconnu. Il est cependant possible de faire une exception en cas de week-end dans la résidence secondaire. En effet, dans cette situation précise, le chat perçoit l'autre maison comme son autre territoire : il le reconnaît visuellement et olfactivement, mais il devra tout de même le marquer en frottant sa tête sur le coin des meubles pour avoir l'impression d'être chez lui et pouvoir se détendre.

Photo C (5-vrai, 6-faux) :

Un chat dort beaucoup, environ 14 à 16 heures par 24 heures. Il est normal qu'il fasse au moins 2 siestes en journée. Un chat qui ne dort pas de la journée et qui est tout le temps actif ne se comporte pas normalement. S'il est bien dans son territoire et calme, il peut se détendre. Un chat qui fait la sieste ne s'ennuie pas, mais un chat qui vous suit partout ou ne tient pas en place s'ennuie, il est donc anxieux.

Photo D (7-vrai) :

Si votre chat a la possibilité de sortir dans le jardin, il n'a pas besoin d'un poste d'observation. Il est assez grand pour choisir l'endroit où il pourra observer ce qui se passe dans la nature alentour.
En revanche, si vous êtes en appartement, il est important que votre chat puisse s'installer confortablement quelque part pour surveiller ce qui se passe. Les nombreuses petites stimulations visuelles (feuilles des arbres, oiseaux, voitures...) semblent avoir un effet apaisant. L'effet produit ressemble à ce que l'on ressent lorsqu'on regarde un aquarium ou un feu de cheminée : on est comme hypnotisé, apaisé.

Commentaire

L'anxiété en milieu clos

Un chat qui s'est développé jusqu'à plus de 3 mois dans un endroit ouvert, c'est-à-dire avec un accès au jardin, présente des difficultés à s'adapter à la vie dans un appartement d'où il ne peut sortir. Comme un lion en cage, il tourne en rond. Il lui manque certes l'espace, mais surtout le niveau de stimulations visuelles qu'il connaissait dehors. On parle d'anxiété en milieu clos. En outre, si le chaton ne vivait pas en très grande proximité avec l'être humain, il est donc peu socialisé à l'homme et peut devenir vite anxieux. On rencontre souvent ce problème chez les chatons sauvages adoptés et qui vivaient auparavant dans des cimetières : une fois « prisonnier » en appartement, le chaton développe de l'anxiété avec les manifestations classiques qui accompagnent ce trouble : agressivité, malpropreté ou peur.
Un conseil : si le chaton que vous adoptez n'est pas né en appartement, comportez-vous avec lui comme s'il était sauvage et qu'il fallait l'apprivoiser. Ne le contraignez pas, jouez avec lui avec des ficelles et des plumes, et, surtout, laissez-lui des croquettes à volonté dans sa gamelle.

Quand le chat déménage

Pour éviter que votre chat ne souffre du déménagement et ne développe ce que l'on nomme anxiété de déterritorialisation, il existe quelques mesures simples, lesquelles permettent aussi de diminuer le risque qu'il ne se perde, ce qui arrive souvent quand on déménage en maison avec un chat :

– La veille d'emmener votre chat dans votre nouvelle habitation, branchez un diffuseur de phéromones (Feliway®, par exemple) dans la pièce où vous installerez votre chat au début. Les phéromones auront ainsi le temps de se diffuser dans la pièce et donc d'être efficaces.

– Placez-le dans la pièce où vous avez mis le diffuseur, avec sa litière, de la nourriture et de l'eau.

– Tant que votre chat ne se frotte pas sur un des angles de cette pièce (sur le coin d'un mur, sur un pied de table ou de chaise), ne lui donnez pas accès au reste de la maison. Il faut qu'il commence à s'installer, à marquer en frottant sa tête, pour qu'il puisse avoir accès à toute la maison.

– Dès qu'il s'est frotté, ouvrez la porte et laissez-le explorer les autres pièces. Il déposera progressivement ses marques faciales dans toutes les pièces. Certains chats s'installent très vite, d'autres ont besoin de plusieurs jours. Dans tous les cas, laissez toujours sa « première » pièce ouverte pour qu'il puisse revenir s'y reposer : il peut s'y détendre puisqu'il y a mis ses marques.

– De la même façon, ne lui donnez pas accès au jardin tant qu'il n'a pas déposé ses marques dans la pièce d'où il peut avoir accès au jardin, afin qu'il puisse vite rentrer s'y rassurer s'il a peur dehors et ne s'enfuie.

Le saviez-vous ?

Les chats qui veulent toujours sortir sur le palier

Certains chats profitent systématiquement de l'ouverture de la porte de l'appartement pour s'échapper sur le palier. Les maîtres pensent que c'est parce que leur chat a besoin de sortir. Mais ils se rendent compte aussi qu'une fois dehors leur chat semble affolé au point de s'engouffrer dans n'importe quelle « cachette ». Dans de nombreux cas, il s'agit de chats hyperactifs qui explorent de façon exacerbée sans évaluer avant le danger qu'ils encourent. Une fois que leur hyperactivité est soignée, ils sont apaisés, ils n'explorent plus de manière si déraisonnable et ne vont plus systématiquement sur le palier.

Ce chat est bien installé dans son territoire : il fait consciencieusement sa toilette.

Vos résultats : répondez-vous avec justesse aux demandes de votre chat ?

Si vous avez réalisé tous les tests de ce chapitre, additionnez tous les points obtenus pour savoir si vous évaluez bien les besoins de votre chat...

De 0 à 9 points :

Vous ne savez pas bien interagir avec votre chat : il n'est pas évident pour vous de savoir comment réagir quand votre chat vous sollicite ou, au contraire, quand il vous fait signe d'arrêter de jouer ou de le caresser. Apprenez à l'observer et à respecter ses envies et ses besoins. Et n'oubliez pas que l'autorité n'est pas le seul moyen d'entrer en relation avec votre chat : c'est la notion d'échange qui compte.

De 10 à 19 points :

Dans l'ensemble, vous réussissez à communiquer et à interagir correctement avec votre chat. Toutefois, vos réactions sont parfois inadaptées et elles sont sans doute à l'origine de conflits et de contrariétés. Revoyez la façon dont vous réagissez, cela vous permettra de trouver une façon probablement plus appropriée de communiquer avec votre compagnon et d'entretenir des relations encore plus harmonieuses avec lui.

De 20 à 29 points :

Votre chat doit être heureux de vivre avec vous ! Les échanges que vous avez avec lui sont sans doute paisibles et plaisants. Votre sensibilité vous permet de comprendre au mieux votre petit félin et de communiquer tout naturellement avec lui. Passez aux tests suivants qui vous permettront d'évaluer si vous connaissez bien les signes de mal-être chez le chat.

CHAPITRE 4

Savoir reconnaître quand il souffre

Malpropreté, agressions fréquentes, griffades excessives ou automutilations sont autant de signes de souffrance physique ou psychique chez le chat :
– Normalement, un chat est propre dès l'âge de 3 semaines. La malpropreté, qu'elle se manifeste sous forme de marquages ou non, doit toujours être considérée comme un signe de dérèglement, c'est-à-dire de souffrance.
– Les comportements agressifs font partie du répertoire comportemental normal de tout animal (voir pp. 57-63), mais il faut avoir conscience qu'une agression est un signe de conflit. Des agressions trop fréquentes ou dans des contextes inadaptés indiquent que le chat est en souffrance psychique (anxiété) ou physique (douleur).
– Certes le chat possède des griffes et des dents, mais s'il est bien dans sa peau, il ne va pas détruire votre intérieur ou vous griffer en permanence. Comme pour tout comportement, il y a des limites autant dans l'intensité que dans la fréquence.
– Enfin, comme chez le chien et chez l'homme, la peau et le pelage peuvent, s'ils sont lésés, révéler des troubles psychiques importants.

Les tests suivants vont vous permettre de savoir si vous pressentez bien dans quel état de santé physique et/ou psychique se trouve votre chat.

Test 15 : la malpropreté

Grâce à ce test, vous allez découvrir si vous savez identifier les signes d'une malpropreté et si vous connaissez ses différentes significations. Sous chaque photo, indiquez dans le champ libre si les affirmations sont vraies ou fausses.

A = vrai ou faux ?

1. Quand un chat urine sur un canapé, cela signifie qu'il se venge.

2. La malpropreté urinaire est un signe habituel d'anxiété chez le chat.

3. Dans ce cas, il faut réprimander le chat en lui mettant le nez dans son urine et en l'emmenant ensuite dans sa litière.

B = vrai ou faux ?

4. Un chat peut faire ses crottes à côté de son bac parce que celui-ci est souillé.

5. Une des causes de ce type de malpropreté est un traumatisme : le chat a eu peur ou mal alors qu'il faisait ses selles dans la litière. Depuis, il a peur d'y retourner.

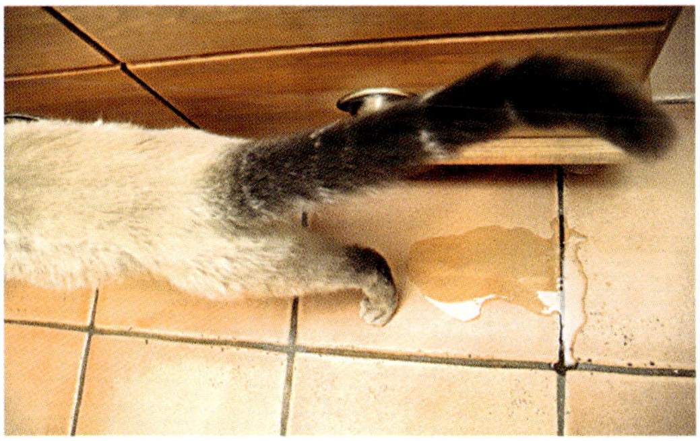

C = vrai ou faux ?

6. Le marquage urinaire peut survenir lorsque le chat est stressé.

7. Tous les chats mâles non castrés urinent en projetant leurs urines contre un support vertical (marquage urinaire).

8. Une chatte peut aussi effectuer du marquage urinaire.

D = vrai ou faux ?

9. Il est déconseillé de placer la litière juste à côté de la nourriture.

10. Il est conseillé de réserver un espace particulier à son chat avec son panier, ses croquettes juste à côté et sa litière non loin.

E = vrai ou faux ?

11. Une litière pour chaque chat : c'est la règle lorsqu'on vit en appartement et que les chats ne peuvent pas sortir.

12. Quand on adopte un chat adulte alors qu'on possède déjà d'autres chats, il vaut mieux ne laisser qu'une litière pour qu'ils apprennent à se connaître.

F = vrai ou faux ?

13. Normalement, un chaton est propre dès l'âge de 3 semaines.

14. Si l'espace de vie des chatons est très petit, l'apprentissage de la propreté risque d'être mal fait.

15. Il n'est pas nécessaire de placer un bac à litière dans l'endroit où la chatte vit avec ses chatons.

Bonnes réponses

Comptez 1 point par bonne réponse. Additionnez les points obtenus, puis reportez-les en pages 110 et 111.

Photo A (1-faux, 2-vrai, 3-faux) :

Normalement, un chat est propre : il repère très vite où se trouve sa litière ou bien l'endroit par où il doit sortir pour accéder au jardin. Lorsqu'un chat urine ailleurs que dans son endroit habituel alors qu'il était propre auparavant, cela signifie qu'il est dans un état de souffrance :

– Il peut s'agir d'une maladie organique, un trouble urinaire, par exemple, qui entraîne une douleur (cystite) et qui dérègle complètement le comportement éliminatoire. Mais il peut aussi s'agir d'une maladie qui augmente la prise de boisson : le chat urine plus souvent, il souille plus vite sa litière, donc recherche un autre endroit pour faire ses besoins.

– Il peut s'agir d'une affection comportementale. L'anxiété est la cause la plus fréquente de malpropreté urinaire ou fécale chez le chat. En effet, le marquage urinaire (voir photo C) est un signe de stress chez le chat, tout comme le dépôt d'urine sur un canapé, le lit ou même le sol.

Si vous constatez ce problème chez votre chat, surtout ne le réprimandez pas, car vous allez augmenter son stress, son anxiété, donc aggraver encore la situation. Un cercle vicieux s'installe alors très vite. Au contraire, faites le point sur ce qui a pu angoisser votre chat (changement dans le territoire, arrivée d'un animal, mauvaise distribution de nourriture...) et essayez de faire disparaître ce qui le stresse. Il existe des produits apaisants qui peuvent l'aider (phéromones faciales comme le Feliway®, compléments alimentaires comme l'Anxitane® ou le Zylkène®). Si le problème persiste, consultez votre vétérinaire ou un vétérinaire comportementaliste pour qu'il vous aide à résoudre ce problème.

Quand un chat se met à uriner dans la maison, c'est le signe qu'il est perturbé ou anxieux.

Photo B (4-vrai, 5-vrai) :

La malpropreté fécale est plus rare que la malpropreté urinaire. Dans la majeure partie des cas que je traite, elle provient souvent d'un stress subi par le chat alors qu'il faisait ses besoins dans sa litière : une douleur (après une ovariectomie chez la chatte, diarrhée...) ou un traumatisme psychique (bruit important...) l'ont conduit à percevoir son bac comme un endroit à risque. Il n'ose plus y pénétrer, il fait donc ses selles à proximité.
Une astuce pour résoudre ce problème : changez la litière de place, voire changez de type de gravier ou même de bac... Cette nouvelle litière ne suscitera pas d'angoisse pour votre chat et il y a de grandes chances pour qu'il l'adopte. Si cette malpropreté persiste, consultez alors un vétérinaire comportementaliste.

Photo C (6-vrai, 7-faux, 8-vrai) :

Le marquage urinaire n'est pas considéré comme un comportement d'élimination. Lorsqu'un chat projette un jet d'urine contre un support vertical, sa première motivation est de communiquer (voir pp. 52-56), la vidange de sa vessie passant au second plan. Comme on l'a vu, un chat qui effectue du marquage urinaire est dans un état d'excitation (sexuel) ou contrarié. La situation la plus courante qui déclenche un marquage urinaire est un déménagement. Rappelez-vous qu'un chat qui perd plus de 50 % de ses marques faciales (qui sont donc restées dans l'ancienne habitation) présente plus de risque de faire du marquage urinaire dans sa nouvelle habitation, tant qu'il ne l'a pas investie « olfactivement », en se frottant sur les coins des meubles et des murs.
D'une manière générale, les chats anxieux ont plus de risque d'effectuer du marquage urinaire que les autres, car ils sont plus souvent contrariés.

Photo D (9-vrai, 10-faux) :

Il est recommandé de ne pas placer la litière juste à côté de la nourriture de son chat. En effet, ce dernier ne fait naturellement pas ses besoins à côté de ses croquettes. Au contraire, il cherche en général un endroit éloigné de son lieu de repos et de son lieu d'alimentation, en marge de son territoire. Placer la litière à côté de sa nourriture le met dans une situation incongrue. Cette situation peut induire des problèmes de malpropreté : ses toilettes n'étant pas situées à un endroit adapté, il devient anxieux et peut rechercher un endroit plus adéquat pour uriner ou déféquer... même si, pour vous, ce n'est pas l'endroit idéal !

Photo E (11-vrai, 12-faux) :

Quand on possède plusieurs chats en appartement et qu'ils ne peuvent pas aller faire leurs besoins à l'extérieur, il est conseillé d'installer plusieurs bacs à litière, un par chat. Ce n'est pas le fait d'attribuer une litière par chat qui est important, c'est le fait qu'un seul bac à litière sera trois fois plus vite souillé que plusieurs bacs.
Par ailleurs, certains chats tolèrent que leur litière soit sale et continuent à faire leurs besoins dedans. D'autres, au contraire, sont très « méticuleux » et ne reviennent pas dans une litière où trône une petite crotte. Si votre appartement est grand, vous pouvez placer ces bacs à litière dans des pièces différentes. Cela évite ainsi aux chats de traverser tout l'appartement pour aller aux toilettes, mais aussi que leurs chemins ne se croisent trop souvent (voir p. 98).

Photo F (13-vrai, 14-vrai, 15-faux) :

La mère apprend à ses chatons à être propres dès leur naissance, en les léchant activement après leur tétée, ce qui stimule le réflexe de miction (uriner) et de défécation (faire des selles), et en ingérant leurs déjections, le nid devant rester propre. Vers l'âge de 10 jours, après la tétée, elle les pousse en périphérie du nid, toujours au même endroit, qui devient des sortes de toilettes où ils font alors leurs besoins : ainsi, le nid reste propre. Vers l'âge de 3 semaines, alors qu'ils sont plus autonomes pour marcher, ils trouvent eux-mêmes les toilettes grâce à l'odeur d'ammoniac qui émane des urines qu'ils ont déposées précédemment.

Commentaire

L'apprentissage de la propreté chez le chaton

Quand on adopte un chaton âgé de 2 mois ou plus, celui-ci doit être propre, c'est-à-dire qu'il sait rechercher un lieu d'élimination convenable, loin de ses champs d'activité, de son endroit de repos, de son aire de jeu et de son aire d'alimentation.

Toutefois, si les chatons se sont développés dans un endroit souillé (élevage sans aire d'élimination, particulier où grouillent des dizaines de chats qui urinent et défèquent n'importe où), ils ne recherchent pas de lieux d'élimination puisque, pour eux, il n'y a pas de distinction entre l'endroit où on mange, l'endroit où on dort et l'endroit où on se soulage. Ces chatons sont sales et il faudra beaucoup de patience pour les rééduquer...

Lorsque l'espace de vie est réduit...

Si l'espace de vie de votre chat est réduit, vous pouvez améliorer sa disposition en plaçant la gamelle de croquettes en hauteur – à un autre étage en somme –, au-dessus de la litière. Vous permettez alors à votre chat de ne pas se sentir mal à l'aise quand il mange ou quand il va faire ses besoins, et par ailleurs, vous lui permettez de faire de l'exercice !

Le saviez-vous ?

Le conseil de la ménagère Si vous voulez effacer efficacement les odeurs d'urine de votre chat, utilisez un produit acide comme du vinaigre ou de l'eau gazeuse, mais surtout pas d'eau de Javel ou de produits ammoniaqués. En effet, le chat retrouve l'emplacement de ses toilettes à l'odeur d'ammoniac qui provient de la décomposition de l'urée présente dans l'urine. Un peu de chimie pour mieux comprendre : l'urine contient de l'urée, molécule qui se décompose en ammoniac et en gaz carbonique. Si vous rajoutez du gaz carbonique, présent dans les produits acides, cela permet de limiter la décomposition de l'urée, donc la production d'ammoniac.

Un chaton est propre, c'est-à-dire recherche un endroit propice pour faire ses besoins, dès l'âge de 3 semaines.

Test 16 : les troubles alimentaires

Votre chat est obèse ou bien boulimique ? Il est devenu maigre ? Il vole de la nourriture ?... Ce test va vous permettre de déterminer les origines de ces troubles et de les résoudre. Sous chaque photo, indiquez dans le champ libre si les affirmations sont vraies ou fausses.

A = vrai ou faux ?

1. Par anxiété, un chat peut devenir boulimique et ne penser qu'à manger.

2. Le prozac n'est pas utilisé chez les chats hyperactifs qui ne savent pas réguler leur appétit.

B = vrai ou faux ?

3. L'insuffisance rénale (quand les reins ne fonctionnent plus normalement) n'induit pas d'amaigrissement.

4. La cause la plus fréquente d'amaigrissement est une maladie organique et non pas psychique.

C = vrai ou faux ?

5. Il faut laisser à la diète un chat qui déprime.

D = vrai ou faux ?

6 Un chat qui vole sans arrêt de la nourriture peut être diabétique.

Bonnes réponses

Comptez 1 point par bonne réponse. Additionnez les points obtenus, puis reportez-les en pages 110 et 111.

Photo A (1-vrai, 2-faux) :

L'obésité n'est pas un signe de bonne santé, ni physique, ni psychique. Ce signe doit vous alerter avant qu'un cercle vicieux ne s'installe. En effet, les conséquences d'un surcroît pondéral ne sont pas anodines :

– Le gras en surplus alourdit le corps, donc pèse sur les articulations (risques d'arthrose).

– Les cellules de l'organisme deviennent résistantes à l'insuline et un diabète peut alors s'installer.

– Comme le chat est moins souple, il fait mal sa toilette : des maladies de peau peuvent s'installer, les griffes sales et trop longues accumulent la saleté et, surtout, les glandes anales s'engorgent provoquant des abcès.

Les causes de ce surcroît pondéral sont multiples et variées : une mauvaise distribution de la nourriture (voir pp. 72-75), un déficit d'autocontrôle chez le chat hyperactif qui n'arrive pas à ressentir la satiété ou un trouble anxieux non traité.

Des mesures diététiques doivent être prises pour que le chat retrouve un poids normal : croquettes de régime à volonté et placées en hauteur, pour obliger le chat à faire de l'exercice en sautant, ou dans un Pipolino®.

En cas d'anxiété ou d'hyperactivité, l'utilisation de psychotropes anxiolytiques ayant une tendance à diminuer l'appétit, comme le Prozac®, peut s'avérer très intéressante. Dès que le chat commencera maigrir, il retrouvera le goût de jouer, ce qui accélérera le processus de remise en forme.

Photo B (3-faux, 4-vrai) :

Il est rare qu'un chat maigrisse pour d'autres raisons qu'une maladie : affections chroniques ou cancers, insuffisance rénale, diabète sucré et hyperthyroïdie. Si vous constatez un amaigrissement net chez votre chat, consultez votre vétérinaire pour qu'il puisse déterminer et soigner la maladie qui en est à l'origine.

En cas de dépression grave, le chat arrête toute activité comme s'il se laissait mourir : il ne mange plus ou presque plus, ne joue plus et ne demande plus de câlin. Un traitement antidépresseur est souvent nécessaire pour permettre au chat de se réalimenter et de reprendre pied.

Photo C (5-faux) :

Un chat couché en position de sphinx qui semble somnoler et qui ne réagit à aucune stimulation est un animal en souffrance. C'est une position antalgique, équivalente à la position fœtale chez l'humain. Si votre chat reste souvent dans cette position, tête basse, comme s'il somnolait, consultez votre vétérinaire.

Photo D (6-vrai) :

Un chat bien éduqué ne vole pas : il sait que ce qui est hors de sa portée (sur le buffet, la table ou dans un placard) ne lui est pas destiné, car quand il était chaton, il avait tenté de manger le poisson se trouvant sur la table et les cris de son maître avaient été si spontanés que cela n'avait fait aucun doute.
Si votre chat vole régulièrement au point que vous ne pouvez rien laisser traîner dans votre cuisine, il y a un problème :
– Il est affamé : vérifiez que vous lui laissez des croquettes à volonté. Si c'est le cas et qu'auparavant il ne volait pas, il souffre peut-être d'une maladie qui « l'affame », comme le diabète sucré ou l'hyperthyroïdie.
– Il est hyperactif : en cas de syndrome d'hypersensibilité-hyperactivité (chat séparé trop tôt de sa mère), l'hyperactivité s'accompagne souvent d'un manque de satiété : le chat se jette sur la nourriture, il ne ressent pas qu'il n'a plus faim – il ne ressent pas non plus la fatigue – et, surtout, il transgresse tous les interdits puisqu'il ne se contrôle pas... il ne peut donc pas se retenir de voler de la nourriture.

Commentaire

L'obésité

C'est si agréable de voir son chat manger de bon appétit l'alimentation qu'on lui donne, qu'en comparaison, il est décevant d'avoir l'impression qu'il se lasse quand on lui donne toujours la même chose. Ainsi, certaines personnes estiment bien faire en changeant tous les jours de parfums de boîte ou de croquettes. Mais c'est une erreur ! Il est tout à fait normal qu'un chat se lasse de sa nourriture : en fait, il se régule. Comme le chat est toujours plus motivé par un aliment nouveau – c'est la néophilie (voir encadré p. 94) –, si on en change tout le temps, il mangera plus que de raison ! Si vous variez trop souvent son alimentation, il mangera donc trop.
Pour éviter que votre chat ne prenne du poids et pour qu'il en perde, voici quelques recommandations :
– Laissez-lui des croquettes à disposition, surtout si votre chat vit en appartement.
– Si vous devez le mettre au régime, ne restreignez pas la quantité de croquettes, mais proposez-lui un aliment de régime.
– Si votre chat semble très attiré par les croquettes que vous lui donnez et qu'il est en surcroît pondéral, choisissez des croquettes moins appétissantes.

L'obésité peut être la conséquence d'un mauvais équilibre alimentaire mais aussi d'une anxiété.

Un chaton peut être nourri avec des croquettes dès son sevrage.

– L'utilisation d'un Pipolino® ou de tout autre dispositif ludique de distribution de croquettes permet au chat boulimique de manger plus doucement et de s'amuser en même temps.
– Si votre chat ne peut réguler son appétit et s'il est capable de se rendre malade tant il ingère des croquettes, consultez un vétérinaire pour qu'il recherche la cause de cette boulimie (diabète sucré, hyperthyroïdie, anxiété, syndrome d'hypersensibilité-hyperactivité).

Le goût des croquettes

Dans les croquettes pour chat, les fabricants ajoutent des arômes qui attirent le chat. Celui-ci est content parce que ses croquettes sentent bon et ont bon goût, et ses maîtres sont satisfaits parce que leur chat mange bien. Toutefois, il faut se rappeler que le chat est un grignoteur, c'est-à-dire qu'il effectue environ 15 à 20 repas par jour.

Les chats semblent toujours particulièrement attirés par une nouvelle alimentation (néophilie), mais il n'est pas normal qu'un chat ne se régule pas tout seul quand on lui laisse à disposition une grande quantité de croquettes pendant plusieurs jours d'affilée. Si votre chat ne peut se réguler quand vous lui proposez un certain type de croquettes, il vaut mieux lui proposer des croquettes un peu moins attirantes pour lui, mais qui lui permettront de se réguler, plutôt que de restreindre sa quantité de nourriture avec le risque d'induire de l'anxiété.

LA NÉOPHILIE

Vous avez sans doute remarqué que lorsque vous changez de parfum de croquettes ou de boîtes, votre chat semble très attiré, il se jette dessus comme s'il s'agissait d'une friandise. Rapidement, dès le deuxième jour, son attirance pour ce nouvel aliment s'estompe et il semble s'en lasser. C'est ce que l'on nomme la néophilie, une des caractéristiques du comportement alimentaire du chat : un aliment nouveau présente un attrait bien plus élevé que l'ancien aliment, attrait qui diminue vite s'il est présenté en permanence.

Test 17 : les agressions

Pourquoi votre chat se met-il soudainement à agresser ? Réalisez ce test pour découvrir si vous savez bien interpréter les signaux qu'il vous envoie et si vous réagissez à bon escient… Sous chaque photo, indiquez dans le champ libre si les affirmations sont vraies ou fausses.

A = vrai ou faux ?

1. Un chat qui crache alors qu'il a peur ne mordra pas.

2. Il ne faut surtout pas réprimander un chat qui crache : il a tout simplement peur.

B = vrai ou faux ?

3. Les chats hyperactifs sont très joueurs, mais jamais agressifs.

C = vrai ou faux ?

4. L'agression territoriale est normale chez un chat adulte : à l'instar du chien, il monte la garde.

D = vrai ou faux ?

5. Il faut éviter d'intervenir quand deux chats se battent.

6. La seule solution pour que deux chats arrêtent de se battre, c'est de les faire vivre séparés.

Bonnes réponses

Comptez 1 point par bonne réponse. Additionnez les points obtenus, puis reportez-les en pages 110 et 111.

Photo A (1-faux, 2-vrai) :

Ce n'est pas parce qu'un chat crache, donc menace, alors qu'il a peur de l'individu qui est en face de lui, qu'il ne le mordra pas.
Si le chat se sent contraint ou acculé, il réagira en menaçant pour faire reculer l'agresseur. Si celui-ci persiste et poursuit son approche, le chat peut alors agresser (voir pp. 57-64).

Photo B (3-faux) :

Il est très rare qu'un chat souffrant d'un syndrome d'hypersensibilité-hyperactivité ne soit pas ou ne devienne pas un jour agressif.
En effet, un chat insuffisamment materné par sa mère reste hypersensible, ce qui le rend vulnérable. Il devient inévitablement anxieux même si le foyer qui l'accueille lui offre tout le confort dont il a besoin. Or l'anxiété s'accompagne presque toujours d'une augmentation des agressions par irritation et par peur : en effet, un chat anxieux est toujours inquiet et sur le qui-vive, comme s'il était en permanence menacé (voir pp. 62-63).

Photo C (4-faux) :

Contrairement au chien qui est utilisé par l'homme notamment pour ses capacités à garder le territoire où il vit, le chat n'a jamais montré ce type d'aptitude. Cette constatation semble contraire à la notion de territorialité qui caractérise le chat, mais rappelez-vous que le chat est un animal solitaire qui n'a naturellement pas à défendre ses « compagnons » ou sa « meute » contre les intrus. L'agression territoriale chez le chat ne s'exprime pas précisément aux limites du territoire. Par ailleurs, c'est surtout envers des congénères non familiers qu'elle se manifeste.

En revanche, les chats anxieux qui sont toujours sur leur garde et qui sursautent au moindre bruit sont beaucoup plus enclins à réagir brutalement à l'arrivée d'une personne de la famille en se figeant dans une posture de « crabe ». Souvent, dès qu'ils se rendent compte que c'est leur maître qui vient de franchir la porte et non un intrus, ils se détendent, mais certains restent toutefois agressifs et peuvent passer à l'acte si leur peur a été trop intense.

Photo D (5-vrai, 6-faux) :

Des chats vivant ensemble peuvent parfois se battre. L'agacement peut être à l'origine de la bagarre, par exemple lors d'un toilettage mutuel ou de jeux. L'un des deux chats perd patience et cela dégénère.

Dans ce cas, il faut éviter d'intervenir : ils doivent régler cela par eux-mêmes. En revanche, si les combats sont très fréquents et si intenses que l'un des deux semble en souffrir (blessures, peur), il convient d'intervenir. Les séparer, c'est-à-dire les faire vivre chacun dans un territoire, ne peut constituer qu'une mesure temporaire. Il est possible de les faire vivre ensemble sans qu'ils ne se battent constamment : il faut pour cela découvrir lequel des chats présente un comportement inadapté et le soigner en conséquence.

Voici la posture classique qu'adopte un chat qui fait de l'agression territoriale.

Commentaire

L'anxiété et les agressions

L'anxiété est un état pathologique : l'individu se trouve dans un état émotionnel caractérisé par une hypervigilance (il sursaute pour un rien), une inquiétude quasi permanente, une perte des capacités de contrôle (l'animal réagit impulsivement et perd facilement le contrôle) et de grosses difficultés à s'adapter à un changement.

Les manifestations anxieuses sont diverses, mais elles se produisent toujours de manière exagérée. Les comportements agressifs en font partie. Un animal anxieux est tendu, il est vite irritable et réagit plus impulsivement. Au lieu de « râler » dans son coin, il exprimera de façon plus exagérée son mécontentement ou sa crainte.

Si l'anxiété n'est pas prise en charge et si les facteurs anxiogènes persistent, le trouble se dégrade avec le temps, et l'intensité et la fréquence des agressions augmentent inévitablement. Dans certains cas, l'anxiété évolue vers la dépression : l'animal se replie sur lui-même, s'agresse lui-même (voir pp. 102-105), ne s'intéresse plus à rien et il sombre dans un état d'inhibition qui le rend moins réactif.

L'anxiété de cohabitation

Contrairement au chien qui va facilement à la rencontre d'un autre congénère pour faire connaissance ou jouer avec lui, le chat est un animal solitaire qui considère d'emblée un congénère comme un intrus. Lors de la première rencontre, il crache, se hérisse et donne des coups de patte si le congénère s'approche. Cette réaction est tout à fait normale. Si les chats sont libres d'interagir, ils vont pouvoir se jauger à distance et apprendre à se connaître. Après quelques jours, ils peuvent cohabiter et, avec le temps, certains peuvent devenir assez proches pour se toiletter mutuellement (allogrooming).

L'INTRODUCTION D'UN AUTRE CHAT À LA MAISON

Lorsqu'un nouveau chat pénètre dans le territoire d'un autre, ce dernier le considère d'emblée comme un intrus. Sa première réaction sera probablement agressive quand l'autre chat s'approchera de lui. Pour l'« étranger », le stress est double : d'une part, il se trouve dans un territoire inconnu où il n'a aucune marque et, d'autre part, il se fait agresser. Pour les aider à s'habituer l'un à l'autre, il est conseillé de les apaiser et d'éviter qu'ils ne se rencontrent trop souvent au début. En pratique :

– Ne forcez pas le contact entre vos deux félins : par exemple, si vous les prenez dans les bras, vous risquez de vous faire griffer au cas où l'un des deux cherche à fuir. Il faut qu'ils apprennent par eux-mêmes à se connaître.

– Placez un diffuseur de phéromones faciales (Feliway®) qui apaisera le nouveau chat, mais également le vôtre.

– Disposez au moins deux points d'alimentation à distance (avec croquettes à disposition tout le temps), dans des pièces différentes de préférence, pour qu'ils ne soient pas obligés de se croiser pour aller se nourrir.

– Pour les mêmes raisons, placez deux litières à distance l'une de l'autre.

Normalement, deux chats adultes ont besoin de plusieurs jours pour se croiser sans cracher. Au fur et à mesure, surtout si l'un des deux est très jeune (moins de 6 mois), ils peuvent devenirs « amis » au point de dormir l'un contre l'autre et de se toiletter mutuellement (allogrooming).

Si l'équilibre ne se fait pas, si l'un des deux chats ou les deux souffrent de la présence de l'autre plus d'1 mois après, il convient de consulter un vétérinaire comportementaliste.

Test 18 : les destructions

Votre chat a tendance à griffer votre canapé, à mordiller les fils électriques ou à mâchouiller vos vêtements ? Il est certes possible de protéger son intérieur, mais ce test va vous permettre de découvrir comment aider votre chat à cesser de détruire ! Sous chaque photo, indiquez dans le champ libre si les affirmations sont vraies ou fausses.

A = vrai ou faux ?

1. Pour qu'un arbre à chat soit efficace, c'est-à-dire utilisé souvent par le chat, il doit être placé dans un endroit caché et peu visible.

2. Couper les griffes permet de limiter les dégâts provoqués par les griffades, mais ne les empêche pas.

B = vrai ou faux ?

3. Un comportement de griffades excessif est caractéristique d'un chat qui souffre d'anxiété.

C = vrai ou faux ?

4. Un chat ayant été sevré trop tôt peut se mettre à mastiquer les objets et mordiller les doigts.

5. C'est pour faire ses dents qu'un chat mordille du plastique ou des câbles électriques, par exemple.

D = vrai ou faux ?

6. Un chat qui fait des trous dans les pulls en les suçant est un chat qui ne mange pas assez.

Bonnes réponses

Comptez 1 point par bonne réponse. Additionnez les points obtenus, puis reportez-les en pages 110 et 111.

Photo A (1-faux, 2-vrai) :

Pour que votre chat utilise volontiers le griffoir que vous lui avez acheté ou confectionné, il faut respecter deux conditions :

– Le griffoir doit être placé dans un endroit visible et proche de l'endroit où dort souvent votre chat. En effet, les griffades constituent un marquage visuel qui indique à un éventuel congénère qu'il ne faut pas s'approcher de cet endroit, sous peine d'être agressé.

– Il faut imprégner le griffoir de substances attractives pour exciter votre chat (olive, noyau d'olive, herbe à chat séchée...). En effet, le comportement de griffades apparaît généralement lorsque le chat est excité.

Photo B (3-vrai) :

Plus un chat angoisse, plus il a tendance à effectuer des marquages d'alarme dont le comportement de griffades fait partie. Les accoudoirs de canapé sont souvent les victimes des griffes des chats pour deux raisons :

– Les griffades sont effectuées à proximité de l'aire de repos, et les chats dorment souvent sur les canapés.

– Les lignes verticales du tissu des canapés (motif du tissu ou trame de l'étoffe) favorisent les griffades, car elles évoquent pour lui des traces de griffades.

Photo C (4-vrai, 5-faux) :

Normalement, un chat bien équilibré ne mâchonne pas les fils électriques ou les objets en plastique. En revanche, un chat mal materné les deux premiers mois de sa vie conserve souvent une activité orale hypertrophiée : il tète parfois, mordille souvent les doigts ou

lèche beaucoup. La plupart de ces chats hyperactifs-hypersensibles ont une tendance à la boulimie, ils mâchonnent des objets assez « élastiques » comme les fils électriques et parfois ingèrent des corps étrangers (fils de sac-poubelle...), ce qui est grave (risque d'occlusion intestinale).
Si votre chat a ce type de comportement, il est indispensable de consulter un vétérinaire comportementaliste afin de le soigner. Une occlusion intestinale peut avoir de très graves conséquences.

Photo D (xneɟ-9) :

Le whool sucking syndrome (syndrome du chat qui mange de la laine) désigne le cas des chats qui mangent les pulls ou les tissus. Les propriétaires retrouvent leurs vêtements troués, comme s'il s'agissait d'énormes trous de mites. Certains chats volent des vêtements dans le panier à linge pour les ingérer ou attrapent les rideaux pour les mâchonner. Les chats qui mangent les tissus ont un comportement oral hypertrophié qui se rencontre chez les chats mal maternés avant l'âge de 2 mois. Ce comportement très dérégulé est pathologique et il doit être pris en charge par un vétérinaire comportementaliste.

Commentaire

Les phéromones faciales pour lutter contre les griffades

Les griffades font partie des marquages d'alarme qui sont exprimés lors de stress. En revanche, les phéromones faciales sont déposées par le chat qui se sent détendu, donc dans un état différent de celui qui griffe l'accoudoir du canapé. Un des moyens d'inhiber le comportement de griffades est donc de vaporiser un analogue de phéromones faciales (Feliway®) à l'endroit où on ne souhaite plus voir de griffades. Il faut renouveler chaque jour la vaporisation jusqu'à ce que le chat se frotte sur le coin à proximité.

Si votre chat griffe beaucoup, il vaut mieux faire le bilan des facteurs anxiogènes possibles, afin de les éliminer au maximum et le rendre moins anxieux.

Le dégriffage : un acte interdit depuis juin 2004

Le dégriffage est une opération qui consiste à amputer les dernières phalanges de tous les doigts des membres antérieurs du chat, donc les griffes qui y sont attachées.
Cette opération, pratiquée pour éviter les griffures et les griffades, est considérée à juste titre comme un acte de cruauté et elle est interdite depuis juin 2004. En effet, aujourd'hui, avec le développement de la médecine comportementale, il est possible de prendre en charge plus finement les problèmes de griffures excessives (agressions par irritation) et de griffades excessives (anxiété). Par ailleurs, il faut signaler qu'un chat agressif sans griffes mord plus fort quand il agresse.

LE RÔLE DES PSYCHOTROPES EN CAS DE TROUBLE GRAVE DU COMPORTEMENT

Psychotrope signifie « qui agit sur le psychisme », donc sur le comportement. Le chien et le chat souffrent des mêmes types de troubles que les humains : au niveau de leur cerveau, les mêmes dérèglements correspondent aux mêmes troubles. Lorsqu'un vétérinaire constate qu'un chat souffre d'un trouble du comportement, il peut prescrire un psychotrope (phéromones, complément alimentaire ou médicament) pour agir et réguler le fonctionnement des cellules nerveuses déréglées du cerveau. Outre les mesures comportementales préconisées (laisser les croquettes à disposition...), cette prescription permettra d'améliorer rapidement et durablement le trouble émotionnel du chat. La durée du traitement est généralement de plusieurs mois, même si les effets sont en principe visibles dans les deux premières semaines.

Test 19 : léchages excessifs ou automutilations

Lorsqu'un chat a des petits bobos, il n'est pas toujours facile de savoir s'il souffre d'une maladie de peau ou bien d'un trouble du comportement. Faites le point de vos connaissances en la matière : sous chaque photo, indiquez dans le champ libre si les affirmations sont vraies ou fausses.

A = vrai ou faux ?

1. L'anxiété peut conduire un chat à se lécher de manière exagérée : on parle alors d'alopécie extensive féline.

2. Quand un chat se met à se lécher de manière exacerbée, il faut l'arrêter en disant « non » fermement, voire en le prenant par la peau du cou.

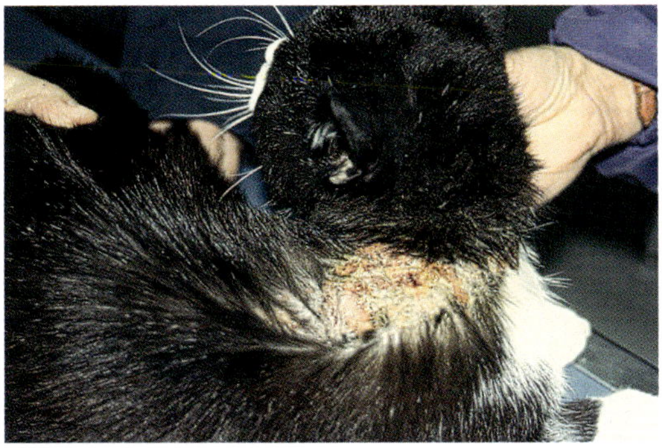

B = vrai ou faux ?

3. Plus les lésions de la peau sont importantes et plus le trouble psychique est grave.

4. Il faut d'abord consulter son vétérinaire pour qu'il vérifie s'il s'agit ou non d'une maladie de peau (gale, teigne, puces, allergie).

C = vrai ou faux ?

5. Un chat qui cesse de se toiletter est un chat malade.

Bonnes réponses

Comptez 1 point par bonne réponse. Additionnez les points obtenus, puis reportez-les en pages 110 et 111.

Photo A (1-vrai, 2-faux) :

Ceci est un cas d'alopécie extensive féline. Alopécie signifie absence de poils ; extensive indique que cette manifestation s'étend progressivement à l'ensemble du corps. L'alopécie extensive féline est le nom du syndrome qui touche les chats qui expriment leur anxiété par un toilettage exagéré. Comme la langue du chat est très râpeuse, des léchages répétés sur une zone particulière du corps conduisent à une cassure du poil au ras de la peau : la peau est alors nue, sans poil, mais reste saine (sans lésion). Généralement, la première région du corps à devenir glabre suite à un léchage excessif est le bas du ventre.

Si l'anxiété n'est pas traitée, cette zone s'étend et touche alors la face interne des cuisses (l'arrière des postérieurs est nu), puis la région axillaire (sous les membres antérieurs)... pour parfois atteindre l'ensemble du corps. Les causes de cette alopécie extensive sont exclusivement psychiques : c'est l'anxiété.

Photo B (3-vrai, 4-vrai) :

Le grattage exagéré d'une zone du corps (il s'agit souvent du cou) est une activité substitutive plus rare que le léchage. Avant de conclure à un trouble du comportement, le vétérinaire doit vérifier qu'il ne s'agit pas d'une maladie de peau provoquée par des parasites (puces, gale) ou une infection. Si le grattage est la conséquence de l'évolution d'une anxiété ou d'une dépression, la peau est très vite lésée, et les plaies s'aggravent vite.

Le chat sur cette photo avait 12 ans à l'époque et souffrait de dépression suite à la mort de la chienne à laquelle il était très attaché : il avait toujours vécu avec elle et dormait dans ses pattes. Ce chat avait perdu 2 kg en 1 mois et ne mangeait plus : ses maîtres devaient le nourrir à la cuillère. Il n'avait plus aucune activité sauf celle de se gratter le cou. Il ne demandait plus de câlin, semblait indifférent à tout même si, parfois, il sursautait quand il entendait un bruit. Couché en sphinx, il semblait somnoler toute la journée. Ses maîtres essayaient de le stimuler, de le câliner, mais il ne répondait pas. C'était mon premier cas grave de trouble du comportement. L'utilisation d'antidépresseurs a permis de le guérir puisqu'il a retrouvé son « envie de vivre », ses activités, son appétit, son poids… et, surtout, il a arrêté de se blesser en se grattant.

Photo C (5-vrai) :

Le toilettage est une activité importante chez le chat. Consciencieusement, il passe sa langue sur son pelage pour éliminer poussières et poils morts.
Généralement, il n'est donc pas nécessaire de laver son chat.
Le comportement de toilettage se dérègle lorsque le chat est malade : il peut devenir excessif et concentré sur certaines zones du corps en cas de troubles anxieux ou de dépression. Lorsque le chat est malade, l'affaiblissement provoqué par la maladie explique l'état de « dépression » du chat qui ne fait plus rien, notamment qui ne se toilette plus. La reprise du comportement de toilettage est l'un des premiers signes de rétablissement.

Commentaire

Le léchage ou le grattage, une activité substitutive

Une activité substitutive est un comportement qui se manifeste dans une situation de conflit intérieur (ou stress). Cette activité n'a pas de relation avec le contexte : sa seule fonction réside dans le fait d'apaiser l'individu qui l'effectue. Par exemple, suite à un stress, le chat peut se lécher le bas du ventre de façon intense alors que son ventre n'est pas souillé. Un autre chat dans la même situation peut se mordiller les coussinets ou se gratter le cou comme s'il avait des puces. Manger peut aussi constituer une activité substitutive.
Il est normal qu'un individu s'apaise en pratiquant son activité substitutive préférée : on ne peut pas être toujours « zen » dans la vie. Mais ce phénomène devient pathologique lorsque cette activité apparaît trop fréquemment et trop violemment : l'individu montre ainsi qu'il est trop souvent anxieux. Cette souffrance psy-

chique peut se manifester par l'absence de poils (alopécie extensive féline), des lésions cutanées ou une prise de poids (boulimie).
Plus l'anxiété est forte et plus les manifestations peuvent être importantes. En cas de dépression, qui est un stade de souffrance supérieur à l'anxiété et dans lequel on observe une exagération des activités substitutives, les lésions cutanées peuvent être spectaculaires, mais elles sont réversibles quand la dépression est traitée.

Troubles cutanés et anxiété

Si vous réprimandez, même verbalement, votre chat qui se lèche exagérément, se mordille les coussinets au point de se blesser, se gratte le cou ou se mord la queue alors qu'il est stressé ou anxieux, cela ne peut qu'aggraver son trouble. Nous aussi, nous avons nos « petits trucs » pour nous apaiser (se ronger les ongles...). Lors de petites crises d'angoisse (embouteillages...), ces « petits trucs » ont tendance à prendre de l'ampleur. Imaginez alors ce qui se passerait si, à ce moment précis, la personne qui se trouve à vos côtés vous demandait d'arrêter de vous ronger les ongles. Sur le coup, vous arrêteriez évidemment votre acte « compulsif » parce que vous en prendriez conscience, mais quelques secondes plus tard, vous relâcheriez votre contrôle et reprendriez inconsciemment et encore plus intensément votre « activité substitutive », le stress de la réprimande s'étant rajouté au stress précédemment ressenti.

Le saviez-vous ?

Que faire quand son chat se mutile ? Si votre chat se lèche compulsivement quand il est contrarié ou anxieux, voici trois petits conseils :
– Ne le réprimandez pas.
– Comme il est difficile de ne pas réagir, rajoutez quelques croquettes dans son assiette ou lancez-lui un jouet pour le divertir et le détendre.
– Si rien ne marche et s'il en vient à se blesser, consultez votre vétérinaire ou un vétérinaire comportementaliste pour soigner son trouble anxieux, et donc diminuer sa souffrance.

Un chat qui fait sa toilette est en bonne santé, mais s'il se blesse en insistant sur certaines zones (dermatite de léchage, par exemple), cela signifie qu'il souffre.

Test 20 : les troubles de la démarche et des postures

Il n'est pas facile de repérer les troubles liés à la démarche et aux postures. Ce test vous propose de faire le point sur ce sujet. Sous chaque photo, indiquez dans le champ libre si les affirmations sont vraies ou fausses.

A = vrai ou faux ?

1. Voici la position classique d'un chat malade.

B = vrai ou faux ?

2. Cette démarche est ce qu'on appelle une démarche féline.

3. Une grande faiblesse musculaire induit une démarche ébrieuse (comme si le chat était en état d'ébriété).

C = vrai ou faux ?

4. Un chat aveugle ne peut pas monter sur un meuble ni en descendre.

5. Un chat hyperactif peut montrer des difficultés à monter sur un meuble.

Bonnes réponses

Comptez 1 point par bonne réponse. Additionnez les points obtenus, puis reportez-les en pages 110 et 111.

Photo A (1-vrai) :

La posture en sphinx est une posture antalgique, c'est-à-dire qui permet au corps de souffrir le moins possible. À l'instar de la position fœtale chez l'humain, le chat couché en sphinx peut se reposer sans trop souffrir et somnoler, mais il reste vigilant : il ne se détend pas vraiment, sinon il se coucherait en rond. Aucune émotion n'est visible.

En cas de dépression, le chat se tient souvent dans cette position. Comme il n'est plus motivé pour manger, jouer, faire des câlins ou se toiletter, il attend, ou plutôt, il est là, entre la veille et le sommeil. Dans les cas graves de dépression, certains chats urinent ou défèquent sous eux. Quand on sait l'importance de la propreté chez le chat, on peut imaginer la gravité de la souffrance psychique dont ces chats souffrent.

Photo B (2-faux, 3-vrai) :

Un chat se caractérise par un corps souple et bien musclé. Quand la démarche manque de souplesse et de tonicité et que le chat devient moins agile, il convient d'en rechercher la cause. Toute maladie qui induit une grande faiblesse peut expliquer qu'un chat adopte une démarche ébrieuse. Évidemment, les affections qui touchent le système nerveux central provoquent parfois des modifications de la locomotion (paralysie, perte d'équilibre). Par ailleurs, sachez que l'administration de sédatifs que l'on donne parfois pour des trajets en voiture provoque une hypotonie musculaire (le chat a les muscles lourds) et un état de confusion important.

Photo C (4-faux, 5-vrai) :

Avant de sauter sur un meuble ou d'un meuble, le chat doit évaluer précisément la force dont il a besoin. Pour cela, il doit voir de manière correcte : un chat aveugle a évidemment des difficultés pour évaluer « visuellement » la poussée qu'il devra mettre pour monter sur le meuble.
Un chat hyperactif est trop impulsif et souvent maladroit : il tombe souvent quand il cherche à sauter sur un meuble. Lorsqu'un chaton tombe, cela lui sert de leçon, mais un chat hyperactif est trop impulsif : il sait qu'il retombera probablement, mais il est trop dans l'action pour en tirer un enseignement : il ne progresse donc pas et continue de chuter. Quand l'hyperactivité est soignée, le chat redevient adroit et agile.

Commentaire

La cécité chez le chat

Il n'est pas évident de s'apercevoir que son chat devient aveugle : si les yeux ne montrent pas de lésions, la découverte de la cécité est souvent fortuite. En effet, si son environnement n'est pas modifié (changement de meubles de place, par exemple), on constate très peu de modifications dans les déplacements du chat devenu aveugle. De façon étonnante, il arrive à sauter au sol alors qu'il est sur un meuble. Comme cela se passe chez les personnes qui perdent la vue, le chat utilise probablement au maximum ses autres sens qui se développent considérablement. Grâce à ces derniers, il peut percevoir les masses : son ouïe et sa sensibilité tactile le renseignent sur la présence d'un obstacle autour de lui ; son flair le guide sommairement sur la présence de certains individus ou de nourriture. À l'instar des humains, certains chats compensent extraordinairement bien la perte de leur vision, d'autres moins facilement.

L'arthrose

Il est facile de se rendre compte qu'un chien souffre d'arthrose : il a du mal à se lever le matin (douleurs à froid), il boite au bout d'une petite promenade, il se plaint parfois en gémissant. En revanche, un chat n'exprime pas de la même façon les douleurs qui sont liées à l'arthrose et, pourtant, il s'agit d'une affection assez fréquente chez le chat.
Les signes d'arthrose sont d'abord un raidissement dans la démarche : le chat marche à l'amble, c'est-à-dire qu'il avance en même temps les deux membres du même côté. Cette démarche, bien connue chez le cheval, est caractéristique des animaux qui veulent s'économiser : ils mettent ainsi leur colonne vertébrale au repos. On remarque aussi tout simplement une fatigue ou le raidissement de la colonne vertébrale.
Le corps du chat étant moins souple, il a plus de difficultés à faire sa toilette. Son poil est moins brillant et, surtout, la région périanale (autour de l'anus), qui demande une toilette régulière, est souillée, les glandes anales pouvant alors s'engorger. La toilette des griffes est moins poussée, donc celles-ci deviennent longues et sales au point de s'accrocher souvent dans les vêtements lors de câlins. Les griffes sont parfois si longues qu'elles se plantent dans les coussinets.
Des traitements contre l'arthrose existent et peuvent soulager votre chat, mais rien ne vous empêche de l'aider à faire sa toilette en le brossant et en coupant ses griffes.

Normalement, un chat a conscience du vide. Un chat hyperactif ne semble pas l'être et il est fréquent qu'il tombe.

Les chats « parachutistes » sont souvent hyperactifs

Le chat a conscience du vide : même s'il se trouve sur le balcon ou le bord d'une fenêtre et qu'il voit passer un oiseau, il ne sautera pas dans le vide pour l'attraper, sauf s'il évalue mal l'environnement parce qu'il ne se contrôle pas bien et qu'il est trop impulsif.

Les chats tombent aussi parfois par maladresse. Par exemple, ils glissent du rebord du balcon ou de la balustrade, où ils ont l'habitude de monter, parce qu'il a plu et que la surface est glissante.

Pour prévenir ce type d'accident, interdisez à votre chat l'accès aux pièces que vous aérez, fermez bien fenêtres et portes-fenêtres quand vous vous absentez et installez des moustiquaires aux fenêtres.

LES TRAUMATISMES QUAND UN CHAT TOMBE D'UN BALCON

Même si un chat sait retomber sur ses pattes quand il tombe de plusieurs mètres, les accidents consécutifs à la chute des chats des appartements sont très fréquents en milieu urbain.

Il semble que la hauteur de l'endroit d'où tombe le chat influe sur la gravité des blessures. Si le chat tombe du premier ou du deuxième étage, les risques de traumatismes graves sont plus importants, car le chat n'a pas le temps de se préparer à se recevoir sur ses pattes et tombe n'importe comment. S'il tombe sur le flanc, les conséquences sont plus graves que sur les pattes, car les risques de rupture du diaphragme sont élevés. Cela provoque une grave insuffisance pulmonaire qui nécessite rapidement une opération chirurgicale lourde. Certains se fracturent la mâchoire ou les membres, fractures qui se réparent facilement.

Vos résultats : savez-vous repérer les signes de mal-être chez votre chat ?

Si vous avez réalisé tous les tests de ce chapitre, additionnez tous les points obtenus pour savoir si vous pressentez bien dans quel état de santé physique et/ou psychique se trouve votre chat.

De 0 à 14 points :

Ce faible score peut peut-être s'expliquer par le fait que vous n'ayez jamais vécu avec un chat qui souffre ou qui est victime de troubles du comportement. Mais nul n'est pas l'abri ! N'oubliez pas qu'un trouble du comportement chez un animal est un signe de souffrance. Pour combattre ce trouble, il faut d'abord le comprendre et en mesurer l'ampleur. Je vous conseille donc de relire les commentaires, puis de refaire les tests.
Lorsque le trouble persiste, il convient évidemment de consulter un vétérinaire spécialisé en comportement qui pourra aider votre chat à retrouver un comportement normal.

De 15 à 31 points :

Globalement, vous comprenez pourquoi votre chat manifeste certains comportements et vous réagissez de façon adaptée.
Toutefois, vous avez dû vous rendre compte que vous interprétez parfois de manière erronée certains de ses comportements. Réalisez de nouveau les tests et observez votre chat en essayant de repérer les moments où il est apaisé (et heureux !) et ceux où il est contrarié, voire en souffrance. Ajustez alors votre comportement et ses conditions de vie, puis observez ses réactions, le but étant bien sûr que votre chat s'apaise !

De 32 à 43 points :

Excellent ! Vos connaissances, votre sensibilité et votre capacité d'empathie vous permettent de ressentir lorsque votre chat se sent mal. Il doit d'ailleurs en être de même avec d'autres animaux. Votre compétence « animale » vous semble peut-être naturelle et, pourtant, tout le monde ne la possède pas ! Votre sensibilité vous permet probablement aussi de ressentir les émotions positives ou négatives des humains qui gravitent autour de vous.

Conclusion : résultats finaux

Si vous avez réalisé tous les tests de ce livre, additionnez tous les points obtenus pour découvrir si vous êtes un pro de la communication féline...

De 0 à 59 points :

Aïe ! La note obtenue est trop faible. Il est indubitable que vous ne comprenez pas bien les chats en général et donc votre chat si vous en avez un.
Relisez la première partie de cet ouvrage et les commentaires de chaque test pour vous imprégner des informations qui s'y trouvent. Observez attentivement les chats autour de vous en repensant à toutes ces informations, attendez quelques jours, puis réalisez de nouveau les tests.
Rappelez-vous qu'un chat est un animal comme un autre, comme vous et moi, qui agit pour des raisons parfois très simples et terre à terre, par exemple : « J'ai faim, donc je cherche à manger. Il n'y a rien à manger ! Ça m'énerve ! Tout m'agace, je deviens donc nerveux et agressif. » Essayez donc de vous mettre à la place de l'animal que vous avez en face de vous, cela vous aidera à le comprendre davantage.

De 60 à 109 points :

C'est bien, vous communiquez plutôt bien avec votre chat : vous savez ce qui lui convient, et vos relations avec lui sont globalement de bonne qualité.
S'il ne manifeste pas de troubles du comportement (malpropreté, agressivité fréquente...), vous avez suffisamment de connaissances pour bien vivre avec lui. Les commentaires des tests vous ont permis sans doute d'approfondir vos connaissances, ce qui ne peut que contribuer à mieux échanger avec lui.
En revanche, s'il souffre de troubles du comportement, inspirez-vous des commentaires de ce livre, notamment ceux du chapitre 4 (pp. 84-109), pour l'aider à mieux se sentir, donc mieux se comporter.

De 110 à 168 points :

Parfait ! Votre chat doit être heureux de vivre avec vous. En tout cas, vous avez tous les éléments en main (et en tête !) pour qu'il le soit. Continuez ainsi ! Si vous n'avez pas de chats dans votre foyer, vous perdez l'occasion d'en rendre un heureux, étant donné ce que vous pourriez lui apporter !

Crédits photographiques

Agence Biosphoto
Herent Sébastien : pp. 6, 11, 12, 53 bg, 54, 61, 63, 68 g, 68 d, 69 h, 79 g, 79 d, 80 g, 80 d, 82, 86 g, 86 d, 87 hg, 87 hd, 88, 97, 99 d, 106 ; **Klein J.-L. et Hubert M.-L.** : pp. 8, 13, 14, 22, 32, 38, 42, 52 g, 52 d, 53 bd, 72 g, 72 d, 73 g, 87 bg, 91 d, 95 g, 96 d, 99 d, 103 b, 104-105, 109 ; **Petit Nicolas** : p. 15 ; **Denis-Huot Michel et Christine** : pp. 16-17 ; **Thiriet Claudius** : pp. 18, 76 g, 87 bd, 107 d ; **Digoit Olivier** : p. 20 ; **Gilson François** : p. 26 ; **Oliv** : p. 29 ; **Guilloret Éric** : pp. 34, 53 hd, 64, 84 ; **Labat J.-M. et Rouquette F.** : pp. 47, 77 b, 91 g ; **Bidault Frédérique** : p. 50 ; **Hans Reinhard/Okapia** : p. 53 hg ; **Ziegler Jean-Luc et Françoise** : p. 66 ; **Labat Jean-Michel** : pp. 69 b, 90, 92 b ; **Balança Erwan** : p. 73 d ; **Gunther Michel** : pp. 76 d, 92 d ; **Juniors** : pp. 77 h, 107 g ; **Roussel Sylvia** : p. 93 ; **Grenet M. et Soumillard A** : p. 94 ; **Kopfle Rolf-J et Peter Arnold** : p. 95 d ; **Iwago Mitsuaki/Minden Pictures** : p. 96 g ; **Vidal Frank** : p. 100 g.

Valérie Dramard
pp. 100 d, 102, 103 h.

Photo 1re de couverture : Svetlana Gladkova/Fotolia.
Photo de 4e de couverture : Laetitia Barlerin.

Photos du logo (1re de couverture, dos et 4e de couverture) : Gauzargues/Cogis (hg), Varin/Cogis (hd), Français/Cogis (bg, bd).

Photo du rabat : Valérie Dramard.

Illustrations
Valérie Coeugniet.

Création graphique : Sarbacane Design.

Mise en pages : Véronique Sommeilly/S Puissance 3.

Suivi éditorial : Frédérique Chavance.

Fabrication : Aurélie Lacombe.

Photogravure : IGS.